C000051782

1 MONTH OF
FREE
READING

at
www.ForgottenBooks.com

By purchasing this book you are eligible for one month membership to ForgottenBooks.com, giving you unlimited access to our entire collection of over 700,000 titles via our web site and mobile apps.

To claim your free month visit:
www.forgottenbooks.com/free722433

* Offer is valid for 45 days from date of purchase. Terms and conditions apply.

ISBN 978-0-332-01004-5
PIBN 10722433

This book is a reproduction of an important historical work. Forgotten Books uses
state-of-the-art technology to digitally reconstruct the work, preserving the original format
whilst repairing imperfections present in the aged copy. In rare cases, an imperfection in
the original, such as a blemish or missing page, may be replicated in our edition. We do,
however, repair the vast majority of imperfections successfully; any imperfections that
remain are intentionally left to preserve the state of such historical works.

Forgotten Books is a registered trademark of FB &c Ltd.
Copyright © 2017 FB &c Ltd.
FB &c Ltd, Dalton House, 60 Windsor Avenue, London, SW19 2RR.
Company number 08720141. Registered in England and Wales.

For support please visit www.forgottenbooks.com

PALERME ET LE PALAIS ROYAL.

Le 25 du mois de mai 1809, la ville de Palerme s'éveilla au son des cloches de ses cent églises. On allait célébrer l'union d'un prince français et d'une princesse napolitaine. L'un était ce jeune chef de la maison d'Orléans, auquel l'histoire réservait de si belles pages ; l'autre devait donner, plus tard, sur le trône de France l'exemple de toutes les vertus.

Cette noble et illustre maison de Bourbon, que l'infortune poursuivait de tant de rigueurs, cherchait ainsi à rapprocher ses rameaux, à mesure qu'ils s'éclaircissaient au vent de la tempête révolutionnaire ; si l'échafaud de 1793 et, plus tard, les fossés de Vincennes avaient eu raison du malheureux Louis XVI et du jeune duc d'Enghien, les Bourbons de France et de Naples se préparaient en Sicile, pendant que les aigles de Napoléon se montraient victorieuses dans les champs de Wagram, à doter les trônes futurs de toute cette génération de princes vaillants et de princesses accomplies dont nous avons vu la maison d'Orléans s'enorgueillir depuis.

C'est à Palerme, le 3 avril 1812, que naquit Louise-Marie-Thérèse-Charlotte-Isabelle, dont la Belgique pleure la perte aujourd'hui. Son frère, d'abord duc de Chartres et, depuis, duc d'Orléans, prince royal, avait aussi vu le jour à Palerme. Ils étaient les premiers fruits de cette union qui a fait jusqu'au dernier jour l'admiration de l'Europe, parce qu'il lui fut donné d'allier la noblesse et la grandeur des races souveraines aux vertus et aux mœurs pures qu'il faut aller chercher loin des cours.

L'éducation de la princesse Louise fut celle de toutes les filles de la reine Marie-Amélie. Les conseils de cette tendre mère, sa piété douce et facile, son inaltérable bonté devinrent la règle des jeunes princesses, et la haute raison de leur père, unie aux sévères leçons de l'adversité, ajouta, de bonne heure, à de si nobles exemples. Quand la princesse Louise d'Orléans quitta la Sicile pour la France, elle n'avait guère que trois ans. Mais, plus tard, on lui raconta les malheurs de toute cette royale famille de Bourbon à laquelle tant de liens la rattachaient, car il y avait en elle du sang des Bourbons de Naples et du sang des d'Orléans. Elle sut quels orages s'étaient appesantis sur la branche aînée de sa maison ; elle put méditer sur l'infortune de son père, réduit à cacher son rang, et jusqu'au nom qu'il portait, dans un obscur collége des Cantons helvétiques ; elle comprit alors ce que peut l'ambition des partis, de quels maux les guerres civiles sont suivies ; et, au spectacle de ces passions politiques poussées jusqu'au délire, de tant de systèmes préconisés et si tôt mis en oubli, de toutes ces popularités conduites au Capitole, puis traînées aux Gémonies, son cœur s'ouvrit pour toujours à l'indulgence et à la pitié.

La princesse Marie, dont la statue de Jeanne d'Arc immortalisera la mémoire, n'était point la seule des filles du duc d'Orléans qui cultivât les arts avec succès. Les gouaches et les dessins de la princesse Louise n'eussent pas déparé les cartons d'un maître exercé. Horace Vernet, Scheffer et Delaroche lui donnèrent de fructueuses leçons, et pendant que Mme Mallet et l'abbé Guillon l'instruisaient des choses sérieuses de la vie ou l'initiaient aux mystères et aux préceptes de la religion, Auber, Paër et le pianiste Kalkbrenner lui révélaient les secrets d'un art qui n'en avait plus pour eux.

On sait avec quel éclat la littérature contemporaine se trouvait représentée dans les salons du Palais Royal, pendant les règnes de Louis XVIII et de Charles X. Là se rendaient Casimir Delavigne, MM. Michelet, Étienne, Cousin, Thiers et Mignet, et rien de ce qu'on recueillait de leur conversation n'était perdu pour la princesse Louise. Si le général Foy et Benjamin Constant élevaient le dialogue aux proportions d'un plus grave entretien, l'étendue de son esprit la plaçait bien vite à la hauteur du sujet. « Louise se rend compte de ce que » peu d'hommes politiques comprendraient! » disait quelquefois son père, lorsque, après une longue soirée du Palais Royal, on rassemblait par le souvenir, et dans la douce intimité du cercle de famille, les différents épisodes qui avaient marqué la conversation.

On a souvent dépeint le bonheur intérieur de la famille d'Orléans, alors que placée près du trône sans y monter encore, elle recueillait tous les profits de la popularité à mesure que la branche aînée s'affaissait sous le poids et les difficultés d'un pouvoir entouré de périls et que de prochains orages devaient emporter. Nous ne retracerons pas ici ce bonheur d'autrefois, quelque attachant qu'en pût être le tableau.... car ces temps heureux sont bien loin de nous et d'immenses douleurs ont, depuis, effacé leurs dernières traces.

Nous sommes en juillet 1830! La Révolution vient d'éclater... on se bat dans les rues de Paris. « Un trône ou l'exil! » a dit M. Laffitte... Que les destinées s'accomplissent donc! Charles X s'éloigne et la branche d'Orléans va régner... Un trône, des grandeurs, des mariages éclatants, toutes les splendeurs d'une race princière appelée à gouverner et qui déjà projette au loin ses rameaux... un horizon presque sans limites... puis, la chute d'un trône, de celui où était monté le chef de la Maison, et l'exil... — toujours l'exil, pour ces pauvres princes de la

famille d'Orléans !   Et que de tristes pensées, en présence
de ces tombes qui, à de courts intervalles, se sont refermées
sur une jeune princesse charmante, d'abord, fleur qui naissait
à peine et qu'un souffle emporta, puis encore sur le fils aîné du
roi, et, plus tard, sur le chef de la famille, l'un des plus grands
princes qui aient gouverné la France.

Et voilà qu'après tant de funèbres regrets, une tombe de
plus s'est ouverte pour la Reine adorée que tout un peuple
pleure aujourd'hui !

LES TUILERIES.

« Elle etait d'une maison auguste qui remplit
» plusieurs trônes a la fois, qui donne depuis
» longtemps des rois et des reines à l'Europe, et
» qui regarde la gloire et la piété comme ses biens
» héreditaires »

(FLÉCHIER.)

L'attitude prise par le duc d'Orléans dans les dernières années du règne de Charles X n'était pas chose nouvelle dans sa famille. Depuis le temps du Régent, il y avait là quelque chose de traditionnel, pour ainsi parler, et dans tous les pays du monde on a vu les branches cadettes s'ouvrir des espérances au trône, en ralliant à elles les partis mécontents

Quand la révolution de Juillet éclata, tous les yeux se fixèrent sur le duc d'Orléans. Les libéraux se disaient : « C'est là » le prince qu'il nous faut! » les amis de la dynastie qui s'éloignait répétèrent avec inquiétude : « S'il est fidèle aux devoirs » de son sang, il remettra le sceptre à l'héritier légitime. »

Cependant les libéraux triomphèrent des premières irrésolutions du duc d'Orléans, et ce prince parut convaincu que les pavés de Juillet avaient creusé un abîme entre la branche aînée et le peuple de Paris. On eut alors en France le même spectacle qui s'était produit en Angleterre lorsque, un siècle et demi auparavant, la révolution de 1688 avait frappé les Stuarts. « Si » le roi Louis-Philippe réussit — disait, à la fin de 1830, l'am-

» bassadeur de France à l'empereur Nicolas — il ne restera de
» tout ceci qu'une situation équivalente à la royauté constitu-
» tionnelle de Louis XVIII, avec l'amour-propre national satis-
» fait et donnant force à la royauté nouvelle. Celle-ci, il est
» vrai, n'aura pas la vertu que le principe du droit légitime
» recèle en lui. Mais la maison d'Orange a pu régner avec
» grandeur sur l'Angleterre, privée, elle aussi, de ce principe
» que les Stuarts emportaient avec eux dans l'exil. Louis-
» Philippe sera le Guillaume d'Orange de son temps ; il en a la
» situation, la prudence et l'habileté. »

On sait avec quel soin Louis-Philippe s'appliqua toujours à
justifier ce qui s'était fait en août 1830, et combien il insistait
sur le dogme de la nécessité politique, dont le départ de
Charles X avait rendu l'application souveraine. « Tous. les
» yeux, disait-il, se sont tournés vers moi. Les vaincus eux-
» mêmes m'ont cru nécessaire à leur salut. Je l'étais encore
» plus peut-être pour que les vainqueurs ne laissassent pas
» dégénérer la victoire * . »

Dans ces graves circonstances, la famille d'Orléans se serra
autour de son chef plus étroitement que jamais, et pendant
que la reine Marie-Amélie priait le Ciel pour la France, Madame
Adélaïde, femme virile et qui,. dans d'autres temps, eût tenu
d'une main ferme les rênes d'un grand empire, se prépara à
partager les dangers que son frère bien-aimé pouvait courir ;
les princes et les jeunes princesses entourèrent leur père d'une
respectueuse tendresse ; on eût dit que l'épouse, les enfants et
la sœur cherchaient à lui servir de rempart, comme s'ils pres-
sentaient déjà que des balles régicides s'apprêtaient pour frapper le roi de Juillet, dans ces mêmes rues de Paris où il avait
ramassé sa couronne.

* (Lettre autographe du roi Louis-Philippe à l'empereur Nicolas, portée à
Saint-Pétersbourg par le général Atthalin.)

Si Charles X avait perdu la sienne en 1830, la charité, du
moins, régnait toujours aux Tuileries. L'inépuisable bonté
de ce prince et les bonnes œuvres de Madame la duchesse
d'Angoulème avaient laissé à la reine Marie-Amélie des tradi
tions qui furent dignement suivies. Et avec quel empressement on vit la princesse Louise s'associer à cette part d'un
royal héritage! Depuis les hôpitaux de Paris, où la douleur est
partout et se dévoile à tous, jusqu'à l'indigence qui se cache
et que précéda parfois une ancienne splendeur, tous les
asiles de la souffrance et de la misère apprirent à bénir le nom
de la princesse Louise d'Orléans. Sous les yeux de sa mère et
sur cette terre de France qui lui était chère, elle révélait déjà
ces trésors d'ineffable bonté, de charité inépuisable que nous
avons admirés, depuis, dans notre Belgique, sa patrie d'adop-
tion.

.   .   .   .

Mais Paris va perdre cette princesse accomplie, et les Tuileries, dont elle était le plus bel ornement, ne la posséderont
plus. Car l'hymen la réclame à Compiègne, en attendant le
jour, si cher aux Belges, où les palais de Lacken et de
Bruxelles s'embelliront de sa douce présence.

LE ROI LEOPOLD.

« Il avait recueilli dans son esprit ces grands
» principes qui composent l'art de regner. »
(ÉLOGE DU ROI LOUIS XIV)

On connaît l'ancienneté et l'illustration de la maison souveraine de Saxe-Cobourg, dont l'origine remonte aux premiers
margraves de Misnie, qui étendirent leur autorité sur le land-
graviat de Thuringe et plus tard sur le duché de Saxe. Alliée
aux maisons impériales et royales les plus puissantes de l'Europe, celle de Saxe-Cobourg s'honore d'avoir donné à l'Allemagne des princes vaillants et magnanimes, deux rois à la Pologne
et le maréchal de Saxe à la France qu'il sauva à Fontenoy.

L'éducation du prince Léopold, qui règne sur la Belgique
aujourd'hui, se partagea de bonne heure entre les langues an
ciennes et modernes, la littérature et l'histoire, les mathéma-
tiques et le droit public. De sérieuses études le disposèrent
aussi à la pratique de l'art militaire, et il ne tarda pas à devenir l'un des princes les plus instruits de l'Europe. Napoléon, à
Sainte-Hélène, parlait de lui avec éloges, bien qu'il l'eût vu, plus
d'une fois, sur les champs de bataille dans des rangs ennemis.

Le prince avait seize ans lorsque l'acte du 12 juillet 1806
déclara Napoléon protecteur de la confédération du Rhin. Cette
suprématie n'ayant pas été admise par la Russie, la Prusse
s'unit à elle, et le débat se vida dans les champs d'Eylau.
Tout se réunit dès lors pour engager le jeune prince à prendre
du service dans les armées russes ; sa sœur bien-aimée, la prin-

cesse Anne Feodorowna était mariée au grand-duc Constantin ; les troupes françaises avaient occupé Cobourg, et cette occupation ruinait le pays. A l'entrevue d'Erfurt, Léopold parut aux côtés de l'empereur Alexandre avec le grade de général au service de Russie. Il avait alors dix-sept ans. La grâce de ses manières et la distinction de son langage furent fort remarquées, et on savait qu'elles s'unissaient déjà en lui à ces qualités du cœur et de l'esprit dont les hommes d'élite sont seuls doués.

Cependant Léopold dut, bientôt après, quitter le service de Russie afin de ménager les intérêts de sa maison, laissés à la merci de Napoléon, victorieux sur tous les points de l'Allemagne ; dans sa bonté ordinaire pour le jeune prince, l'empereur Alexandre insista lui-même pour qu'il s'éloignât, lui faisant comprendre qu'il était prudent de compter avec cette politique ombrageuse de Napoléon, qui s'exerçait alors en Europe dans sa toute-puissance. Léopold était venu à Paris pour la première fois à la fin de 1807, la famille de Saxe-Cobourg ayant été réintégrée dans ses droits par un article du traité de Tilsitt. Revenu en Allemagne, et se consacrant entièrement aux intérêts de sa maison, à la culture des sciences et des arts, il s'occupa de l'administration du duché de Cobourg, voyagea ensuite en Italie, visita la Suisse et l'Autriche.

Les désastres de Moscou allaient bientôt entraîner toute l'Allemagne dans une coalition nouvelle contre Napoléon. L'empereur Alexandre ayant rappelé Léopold près de lui le remit en possession du grade de général qu'il lui avait conservé dans les cadres de l'armée russe. A Lutzen, Léopold eut le commandement d'un corps de cavalerie ; à Bautzen, il soutint la ligne de défense avec autant de prudence que d'intrépidité. Prince allemand, il comprenait tout ce qu'avait de décisif dans la lutte engagée, le réveil du patriotisme germanique, et il se montra habile dans les conseils qu'il donnait à Alexandre et à l'empereur François II pour mettre à profit cette disposition d'esprit dont Napoléon était loin d'avoir prévu l'essor et l'immense portée pour le succès de la campagne de 1813. Devant Dresde et à Pirna, le prince exécuta, avec les contingents placés sous ses ordres, des marches rapides et décisives qui aidèrent à couvrir la retraite des Alliés. A Culm, où Vandamme tentait cet effort suprême sur lequel reposaient de si grandes espérances et dont on attendait l'issue dans le quartier général de Napoléon avec tant d'anxiété, Léopold se couvrit de gloire; et pendant que Vandamme et le général Haxo demeuraient prisonniers, le prince, dont les éclatants services avaient été signalés aux deux empereurs alliés, recevait les insignes des ordres militaires de Saint-Georges et de Marie-Thérèse. A Leipsick, Léopold protégea, par des mouvements habilement combinés, les batteries russes au moment où l'artillerie française les foudroyait et commençait à éteindre leurs feux. Puis, la campagne de 1814 s'ouvrit. Léopold se trouva à la bataille de Brienne, à Arcis sur Aube, où il commandait l'aile droite, et au combat de la Fère-Champenoise; le 31 mars, il entrait à Paris avec l'armée alliée et à la tête du corps de cavalerie dont il avait le commandement.

L'empereur Alexandre s'étant rendu en Angleterre, Léopold l'accompagna. Présenté à la princesse Charlotte, fille du prince de Galles et héritière du trône de la Grande-Bretagne, Léopold fixa dès lors le cœur de cette jeune princesse, dont la rare beauté, les grâces et les vertus faisaient alors l'ornement de la cour et l'orgueil de l'Angleterre. Léopold ne quitta Londres qu'un mois après l'empereur Alexandre et se rendit au Congrès de Vienne, pour y faire valoir les titres que sa maison avait à invoquer au moment où la reconstitution politique de l'Allemagne s'opérait.

Cependant le retour de l'île d'Elbe le rappela brusquement à l'armée, et il rejoignait sur les bords du Rhin le corps auquel il appartenait, au moment même où la journée de Waterloo venait assurer la paix définitive de l'Europe. Il revint alors à Paris et se rendit ensuite à Berlin où il ne tarda pas à recevoir le message solennel par lequel le prince régent d'Angleterre lui annonçait que la main de la princesse Charlotte lui était accordée. Fille du prince de Galles, depuis Georges IV, et de la princesse Charlotte-Amélie de Brunswick-Wolfenbuttel, la jeune princesse entrait alors dans sa vingtième année. A l'occasion de cette union, célébrée à Carlton-House le 2 mai 1816 au milieu des acclamations de toute l'Angleterre, Léopold reçut le titre de duc de Kendal et prit rang immédiatement après les membres de la famille régnante. Camelmorf-House devint la résidence des deux époux ; ils eurent aussi Claremont, habitation charmante dont Kent et de Brown avaient embelli le château et le parc; Claremont où s'abritent aujourd'hui de royales infortunes, où est mort ce roi proscrit, qui sera grand dans l'histoire, cette reine vénérée, ces princesses charmantes et ces princes accomplis, qui se montraient si fiers de servir la France, et que la France ingrate a délaissés !

On sait la fin funeste de la princesse Charlotte, cette mort si prématurée, si peu prévue, dont les rigueurs ne purent être conjurées par tant de beauté et de vertus, et qui détruisit, à la fois, une vie qui semblait devoir être si belle, les espérances les plus chères au cœur de Léopold et celles de toute l'Angleterre. On se souvient de cette douleur immense qui gagna tous les cœurs anglais, lorsqu'on apprit que la princesse n'était plus ! Ce fut un deuil général pour la Grande-Bretagne; les théâtres se fermèrent, les ateliers restèrent déserts; on s'abordait avec tristesse... et le deuil de Léopold semblait être devenu celui de chaque famille anglaise. Jamais d'aussi légitimes regrets n'avaient eu un tel retentissement, et les récits qui nous en ont été conservés remettent en mémoire ces mots de Bossuet, parlant, lui aussi, d'une princesse d'Angleterre, Madame Henriette de France : « Oh! nuit effroyable où retentit

» tout à coup comme un. éclat de tonnerre cette étonnante
» nouvelle! *Madame se meurt! Madame est morte!* Hier elle
» florissait... et que de grâces!... » L'enfant nouveau-né de la
princesse Charlotte n'avait pas vécu ; la mère n'était plus...
Léopold, plein de tristesse, résolut de ne plus quitter Claremont
et d'achever, dans cette résidence qui avait abrité tant de joies,
les travaux qui occupaient la jeune princesse et qu'elle laissait
inachevés. Le temple qu'elle se plaisait à élever dans les beaux
jardins de Claremont fut converti par Léopold en mausolée, et
ce prince plaça sous sa voûte le buste de la princesse pleurée
de tous. Cette commune douleur resserra encore les liens
d'attachement et de sympathie qui unissaient déjà Léopold
au peuple anglais. Le prince régent l'admit dans sa famille
avec le titre de prince royal ; il put porter les armes de la
Grande-Bretagne, reçut le titre de feld maréchal et eut entrée
au Conseil Privé.

Lorsque l'Europe, après avoir rendu la Grèce à la liberté
se préparait à lui choisir un roi, Léopold habitait encore Clare
mont. Quelques voyages en Allemagne et en France, l'étude
attentive des grandes institutions politiques et des événements
qui remplissaient le monde, avaient occupé sa vie toujours attristée. La pensée des cabinets de Saint-James, des Tuileries et
de Saint-Pétersbourg s'étant arrêtée sur lui, et MM. de Mont-
morency-Laval, Aberdeen et Lieven lui ayant fait des commu-
nications officielles dans ce sens, au commencement de février 1830, Léopold s'attacha, avant tout, à se rendre bien
compte des instincts qui venaient de se révéler dans le cœur
des Hellènes. N'ignorant pas qu'avant même le combat de Nava-
rin, les Grecs affranchis s'étaient donné une constitution à Nau-
plie, il comprit combien il importait que son élection au trône
de la Grèce sortît des libres suffrages des Grecs, s'il ne voulait
être placé à leur égard dans la situation d'un roi imposé, envers
lequel la Grèce ne se serait crue nullement engagée. Les limites

du territoire concédé au nouveau royaume ne parurent pas, d'ailleurs, à Léopold de nature à garantir sa stabilité et son indépendance. Les Grecs s'étaient presque unaniment prononcés pour la frontière du golfe d'Arta au golfe de Volo, la seule raisonnable. Léopold fit donc, en acceptant le trône, des réserves formelles sur ces deux points, insistant, de plus, sur les facilités financières qu'il convenait d'assurer à cet État naissant, où tout était à créer, et réclamant la garantie d'un secours en cas d'agression étrangère. Ces demandes n'étant qu'en partie admises, la frontière reclamée n'ayant pas eu l'assentiment de la Conférence — bien que la force des choses l'ait portée plus tard à la concéder — et la conscience de Léopold lui disant qu'il ne trouverait pas dans cette périlleuse mission tous les moyens de dominer les tempêtes, les négociations cessèrent et il refusa le trône qui lui était offert. Mais l'estime de l'Europe le dédommagea du sacrifice qu'il venait de faire, et on admira cette loyauté si parfaite dont l'ambition et la pensée d'une couronne n'avaient pu faire taire en lui les exigences.

La révolution belge ne devait pas tarder à récompenser son abnegation. On sait comment cette révolution s'accomplit et ce qu'il fallut vaincre de difficultés pour faire accepter par la conférence de Londres les vœux des Belges émancipés, en présence des résistances de la Hollande, du mauvais vouloir de la Prusse et de la sourde hostilité de la Russie. Pour bien comprendre à quel point il était difficile à la diplomatie européenne de traiter avec les Belges sur le terrain des concessions qui leur étaient demandées, et cela au lendemain encore de leur victoire, il convient de caractériser ici, en recourant pour cela aux enseignements de l'histoire, leur disposition d'esprit de tout temps favorable aux idées d'indépendance. Les annales du peuple belge pourraient se résumer dans l'histoire des luttes qu'il soutint pour ses libertés, et soit qu'il eût à subir la domination de la France, soit que la maison d'Autriche possédât son sol, le sentiment de l'indépendance ne s'éteignit jamais en lui. Les rois et les empereurs ne furent pas les seuls auxquels les Belges eurent à résister ; leurs comtes, leurs évêques, forts des immunités que le moyen-âge avait consacrées au profit des grands, cherchèrent à les asservir ; mais plus d'une fois comtes et prélats apprirent, eux aussi, ce que peut un peuple opprimé, le jour où il se lève pour la liberté. Artévelde, d'Egmont, Van der Noot et la révolution qui affranchit la Belgique de la domination des Hollandais, il y a vingt ans, rappellent, sous d'autres aspects et à des époques bien différentes, les mêmes instincts, d'égales antipathies, de communes espérances, les mêmes périls affrontés. Après les victoires de Du mouriez, la Belgique dut lier ses destinées à celles de la France. Depuis lors on s'est souvent demandé si cette fusion était favorable aux Belges. L'éclat de l'ère impériale avait pu, il est vrai, leur faire oublier ce qu'un peuple perdait à n'être pas indépendant ; mais la domination hollandaise le leur remit en mémoire. Un jour vint où la Belgique ne regarda plus si ses intérêts financiers seraient lésés par une séparation avec les Pays-Bas ; elle avait pu apprendre, pourtant, combien au point de vue du bien-être matériel, une nation industrieuse se trouve dans de bonnes conditions lorsqu'elle est liée à un peuple exportateur ; les Flandres et d'autres points de cette Belgique, si laborieuse et si féconde, produisaient ; la Hollande, elle, exportait et lui donnait en retour ses florins ou de précieux échanges. Tout cela en 1830 fut généreusement mis en oubli... Formons une nation, dit-on, et prenons rang enfin parmi les peuples qui traitent avec l'Europe. Nous en serons moins riches, peut-être... mais l'indépendance nous dédommagera. On avait dit dans l'Antiquité : « Quel que doive être le prix de cette noble liberté, il faut savoir le payer aux Dieux ! » Les Belges s'en souvinrent ; la lutte contre la Hollande commença, et le jour où ils résolurent d'être libres, leur affranchissement s'accomplit.

Lorsque les Hollandais se furent éloignés, la Belgique chercha un roi autour d'elle. Car ces Belges si fiers de leur indépendance, auxquels nul sacrifice n'avait coûté pour la conquérir,
eux qui, la veille, repoussaient l'autorité constitutionnelle du
roi des Pays-Bas. répétaient encore cependant avec Manuel,
l'un des héros du vieux libéralisme français : « Le trône con-
» stitutionnel est le plus sûr rempart de la liberté. » Le roi
Louis-Philippe pouvait donner l'un de ses fils ; mais il redouta
l'Angleterre ; la paix de l'Europe importait à la France et à sa
dynastie nouvelle ; on offrit donc la couronne au prince Léopold
de Saxe-Cobourg, et la Belgique, depuis dix-neuf ans, ne
s'est pas repentie un seul jour du choix qu'elle fit alors.

IV

MARIAGE DU ROI LEOPOLD

ET

DE LA PRINCESSE LOUISE D'ORLEANS.

« Ou voyait avec joie avancer le jour heu-
» reux de cette auguste alliance. »

(FLÉCHIER.)

Le projet de mariage du roi Léopold et de la princesse Louise d'Orléans ne s'appuyait pas seulement sur de mutuelles sympathies; cette union fut l'œuvre d'une haute raison et vint donner à l'Europe un gage sérieux de confiance et de paix durable.

On sait dans quelle situation la Révolution belge avait placé les cabinets européens. Bien que cette révolution se fût faite au nom du sentiment national, que la noblesse et le clergé, comme la bourgeoisie et les masses populaires, eussent suivi, en y prenant part, une impulsion commune, irrésistible, les faits accomplis détruisaient l'œuvre des traités de 1815 devenus, en quelque sorte, depuis la chute de Napoléon, la charte du droit européen.

Le *sentiment français* en Belgique ne s'était pas éteint dans tous les cœurs, et lorsque la révolution de Septembre éclata, la pensée d'une réunion à la France trouvait faveur dans les esprits sur quelques points du territoire. Mais les hommes qui nourrissaient cette pensée ne furent pas les plus nombreux, et c'est à tort qu'on a dit que la révolution de Septembre était fille de la révolution de Juillet, qu'elles avaient eu l'une et l'autre, des causes essentiellement identiques; car on vit la noblesse et le clergé belges se placer résolument à la tête du mouvement révolutionnaire, lorsque, au contraire, la révolution venait de se faire en France pour combattre l'influence des prêtres et celle de l'aristocratie.

Depuis 1828, l'opinion publique était fortement excitée à Bruxelles et dans les provinces wallonnes; elle tenait en échec le gouvernement du roi Guillaume, et chaque jour servait à prouver que l'union du peuple belge et du peuple hollandais devait prendre fin. Tout depuis a démontré que les Belges de 1830 étaient mûrs pour former une nation indépendante, pour réaliser enfin l'œuvre patriotique qu'avaient déjà tentée leurs devanciers, du temps des ducs de Bourgogne, de Philippe II et de l'empereur Joseph II.

Le Congrès belge comprit noblement sa mission. Il proclama l'indépendance de la patrie, résolution seule digne d'un peuple qui avait combattu pour la liberté; et, certes, nul autre parti n'eût satisfait au même degré que celui-là le sentiment national; en s'assurant ainsi les bonnes dispositions de l'Angleterre, que toute pensée de réunion au sol français eût trouvée hostile, on préservait en même temps l'Europe d'une guerre qui pouvait mettre en question la paix du monde.

C'est dans cet ordre d'idées que le roi Louis-Philippe crut devoir refuser la couronne offerte au duc de Nemours. La royauté du jeune prince fût devenue la pomme de discorde pour laquelle la France et l'Angleterre auraient tiré l'épée; la royauté de Léopold, au contraire, contribua à cimenter entre les Tuileries et le cabinet de Londres ces bons rapports, cette cordiale entente qui se sont maintenus jusqu'au jour où les mariages espagnols furent conclus.

Pourtant, la France de 1830 s'attrista de voir refuser la couronne offerte au fils de son nouveau roi. La France n'aime pas les Anglais, et si la peur qu'ils inspirent peut parfois peser sur les gouvernants ou sur les chancelleries de ce pays, elle n'agit jamais sur la nation, parce que celle-ci est brave, pleine d'ardeur, et que les chances de la guerre ne la préoccupent jamais. L'Opposition disait aux ministres du roi Louis-Philippe après le refus de la couronne de Belgique : « Vous avez eu peur des Anglais... Vous humiliez le pays! » et ce reproche avait de la gravité chez un peuple qui, à toutes les époques de son histoire, a pardonné volontiers aux princes téméraires et tenu rarement compte des lois de la prudence et de la réflexion.

Aussi importait-il beaucoup au roi Louis-Philippe et à l'amour-propre national, porté en France à un point si haut, que ce refus d'un trône offert ne conduisît pas la Belgique à s'isoler de la France, à s'abandonner aux influences anglaises. Le mariage d'une princesse d'Orléans avec le roi que la Belgique venait de se donner fut le lien merveilleux qui rapprocha alors ce qui tendait à s'isoler, qui vint résumer dans des conditions d'équité le rôle que l'Angleterre et la France devaient respectivement garder dans la question belge. Cette union habilement préparée portait, de plus, le dernier coup aux espérances de la maison d'Orange. Devenue désormais l'image vivante des sympathies de la France et de l'Angleterre pour la nationalité belge, elle contribua, plus qu'on ne le comprit d'abord, à tenir le cabinet de Saint-Pétersbourg dans l'expectative, et on vit les Prussiens demeurer l'arme au bras aux portes même de la Belgique, en dépit du roi Guillaume qui s'en indignait à La Haye.

Le parti français, dont nous avons signalé l'impuissance, n'était pas le seul qui se fût fait jour en Belgique après la révolution de Septembre. Les Flandres et la ville d'Anvers, regrettant les liens qui les avaient pendant quinze ans rattachées aux Hollandais, se montraient hostiles à l'influence française ; elles gardaient la crainte d'une réunion de la Belgique à la France, si les éventualités d'une guerre alors imminente venaient à marquer l'heure que les réunionistes attendaient; et elles savaient bien que, cette réunion s'opérant, Bruges et Gand auraient moins bonne part que Liége, Mons et Namur dans les combinaisons politiques et douanières qui se feraient jour ; les **Anversois** prétendaient aussi que le Hâvre serait favorisé au détriment de leur port; aussi tout ce qui venait de France était-il suspect à Anvers et aux Flandres ! Lorsque, en 1831, les ducs d'Orléans et de Nemours parurent en Belgique au milieu de l'état-major du maréchal Gérard, les Belges opposés à toute réunion à la France — et ils étaient les plus nombreux, nous l'avons dit — déplorèrent la nécessité d'une assistance qui engageait la gratitude de la Belgique envers un pays avec lequel ils entendaient rester en bons rapports sans vouloir, en aucun cas, lui aliéner leur chère indépendance. Mais lorsque la fille du roi Louis-Philippe vint partager le trône du roi Léopold, toute appréhension disparut; la France n'avait pas donné de roi aux Belges ; elle leur envoyait une reine ; Louise d'Orléans allait s'asseoir sur ce même trône dont la prudence politique et le maintien de la paix européenne avaient écarté le duc de Nemours. Lorsqu'on écrira plus tard les annales du temps que nous rappelons ici, le mariage de Compiègne aura une importance extrême aux yeux de l'historien dont les vues auront su s'élever à la grandeur des événements.

Les indications si décisives que nous venons d'esquisser, et que la diplomatie puisait surtout dans l'ordre des faits politiques, s'alliaient aussi aux convenances personnelles du roi Léopold comme à celles du chef de la maison d'Orléans. La grandeur des races, les qualités éclatantes du futur époux de la princesse Louise, les grâces et les vertus dont le trône de Belgique allait bientôt se parer et s'enorgueillir, tout s'unissait pour rehausser la grande pensée qui avait présidé à cette union, pour l'entourer des plus flatteuses espérances. Le roi Léopold était personnellement connu du roi Louis-Philippe, et des sentiments de haute et mutuelle estime étaient déjà dans leurs cœurs le prélude de cet attachement, de ces sympathies si profondes que nous avons vus depuis régner entre eux.

Le général Sébastiani, ministre des affaires étrangères de France, et M. le comte Le Hon, envoyé extraordinaire et ministre plénipotentiaire de Belgique, furent chargés de suivre les négociations officielles du mariage dont une initiative plus haute et plus auguste avait révélé, d'abord, la première pensée. M. le prince de Talleyrand ne fut pas non plus étranger aux premières ouvertures diplomatiques qui eurent lieu ; sa grande expérience, l'éclat que reflétait son nom dans les chancelleries, la suprématie incontestée qu'il exerçait dans les Conférences de Londres, tout peut servir à faire comprendre qu'une aussi grave affaire avait dû devenir de bonne heure l'objet de ses méditations et de ses démarches, qui toutes étaient d'un si grand poids.

L'habileté et le dévouement dont le comte Le Hon fit preuve dans ces circonstances méritent d'être mentionnés ici, et ce fut lui qui signa le contrat de mariage au nom du roi Léopold le 25 juillet 1832. Le 4 août, il quittait Paris, accompagné du comte Théodore Van der Straten-Ponthoz, attaché à la légation, pour aller recevoir le Roi à la frontière belge où le duc de Choiseul, faisant fonctions d'ambassadeur du roi des Français, et le comte de Marmier, secrétaire d'ambassade, vinrent le complimenter. Le maréchal Gérard le reçut à Valenciennes dans la journée du 5, et il alla loger, le soir, au palais archiépiscopal de Cambrai.

De leur côté, le roi Louis-Philippe et la reine Marie-Amélie arrivaient à Compiègne le 5 août, accompagnés des ducs d'Orléans et de Nemours, du prince de Joinville, du duc d'Aumale et du jeune duc de Montpensier, des jeunes princesses et de Mme Adélaïde, des généraux Atthalin, Alexandre de Laborde, Heymès, de Rumigny, Berthois et de Chabot, de MM. Boyer, le baron Dumas, le comte J. de la Rochefoucauld, tous aides de camp du Roi ; les comtesses de Bondy et de Sainte-Aldegonde, Mme de Chanterac et le comte Anatole de Montesquiou formaient la suite de la Reine; les généraux Baudrand et Marbot, aides de camp, M. de Montguyon, officier d'ordonnance, et de Bois milon, secrétaire des commandements, accompagnaient le duc d'Orléans, prince royal; Mme la princesse Adélaïde, sœur du roi Louis-Philippe, était suivie des comtesses de Montjoie et de la Tour du Pin et du comte de Chastellux, chevalier d'honneur; Mme la duchesse de Massa, la comtesse d'Hulst, Mme de Mallet, Mme Angelet et le comte de Canouville accompagnaient les jeunes princesses.

Le roi Léopold fit son entrée à Compiègne le lendemain 6 août, à 5 heures du soir, dans une calèche découverte, ayant à ses côtés les ducs d'Orléans et de Nemours, le premier en uniforme de lieutenant-général, le second portant celui de colonel des lanciers rouges. Le duc de Choiseul, gouverneur du Louvre et aide camp du roi Louis-Philippe, suivait immédiatement la voiture du roi Léopold.

En arrivant à Compiègne, comme sur les autres points qu'il avait traversés, le roi Léopold passa sous des arcs de triomphe où les drapeaux français et belges se trouvaient entremêlés, image heureuse de l'union dont le mariage qui allait s'accomplir serait le gage entre la France et le peuple belge. Des troupes étaient échelonnées sur le passage du Roi.

Les Belges de distinction qui devaient assister aux fêtes de Compiègne avaient pris place dans les équipages de la cour de Bruxelles. On y remarquait le comte d'Arschot, sénateur et grand-maréchal du palais; le général marquis du Chasteler, grand-écuyer; le général comte d'Hane de Steenhuyse et le colonel Prisse, aides de camp du Roi; le comte Félix de Mérode, ministre d'État; le comte Le Hon, ministre plénipotentiaire de Belgique à Paris; M. Van de Weyer, ministre à Londres; le colonel Curt; M. Jules Van Praet, chef du cabinet du Roi; le comte Van der Straten-Ponthoz, attaché de la légation belge à Paris; sir Henri Seaton et le docteur Lebeau.

Nous abrégerons les détails de ce qui se passa à Compiègne avant la cérémonie du mariage. Dans la journée du 8, le roi Léopold assista à une revue des troupes dont il admira la tenue et les belles manœuvres. Une promenade dans la forêt, aux ruines de l'abbaye de Saint-Pierre et de celles de Saint-Jean au Bois, où on visita le tombeau de la mère de Pepin le Bref, réunit ensuite la famille de Louis-Philippe et le roi des Belges. Pendant cette excursion, le général Sébastiani, ministre des affaires étrangères, et le président de la chambre des pairs, M. Pasquier, arrivèrent de Paris.

Les maréchaux Soult, Gérard et comte Lobau, MM. Girod (de l'Ain), Barthe et Béranger furent présentés au roi des Belges avec un grand nombre de pairs et de députés. M. Firmin Rogier, secrétaire de la légation belge et aujourd'hui ministre de Belgique à Paris, arriva ce soir-là au château.

Le jour du mariage était fixé au 9 août. La famille royale se rendit après le dîner dans le cabinet du Roi où l'avaient précédée les personnes admises à la cérémonie. Louis-Philippe donnait la main à la princesse Louise; le roi des Belges conduisait la reine Marie-Amélie, les princes et les princesses venant après eux.

Une grande table recouverte d'un somptueux tapis de velours rouge se trouvait disposée au milieu du cabinet du Roi. Les places avaient été réglées ainsi qu'il suit : au haut bout de la table, le roi Léopold et la princesse Louise d'Orléans; la reine Marie-Amélie à la gauche du roi des Belges; le roi Louis-Philippe à la droite de la princesse Louise. A la droite du roi des Français venaient le duc d'Orléans, en uniforme de lieutenant général, le duc de Nemours en colonel de lanciers, le prince de Joinville, en aspirant de marine, le duc d'Aumale, en uniforme de soldat du 11e léger, le duc de Montpensier, en artilleur de la garde nationale. Les princesses Marie et Clémentine et Mme la princesse Adélaïde étaient placées en face des fils du roi.

Venaient ensuite M. le comte d'Arschot, sénateur et grand-maréchal du palais du roi des Belges; le comte Félix de Mérode, ministre d'Etat et membre de la chambre des représentants de Belgique, témoins du roi Léopold; MM. le duc de Choiseul, le marquis de Barbé-Marbois, le comte Portalis et le duc de Bassano, pairs de France, et, en cette qualité, témoins de la princesse Louise.

Puis venaient le général Sébastiani, le comte Le Hon, le maréchal Gérard, MM. Béranger, Dupin aîné et Benjamin Delessert, membres de la chambre des députés de France, témoins de la princesse Louise. Le garde des sceaux siégeait en face du général Sébastiani; le baron Pasquier, chancelier de France, et le chevalier Cauchy, archiviste de la chambre des pairs, étaient présents. Le reste de l'assistance se composait des personnes de la cour du roi Louis-Philippe et du roi Léopold.

Le baron Pasquier s'étant levé donna lecture de l'acte de mariage et déclara ensuite unis devant la loi S. M. le roi des Belges et S. A. R. la princesse Louise d'Orléans. Le roi Léopold signa le premier, et l'acte reçut successivement le seing de la princesse Louise, du roi Louis-Philippe, de la reine Marie-Amélie, des ducs d'Orléans et de Nemours, du prince de Joinville, des ducs d'Aumale et de Montpensier, des jeunes princesses et de Mme la princesse Adélaïde.

MM. les comtes d'Arschot et Félix de Mérode, témoins du roi des Belges, les pairs et députés, témoins de la princesse Louise, le comte Sébastiani, ministre des affaires étrangères. M. Barthe, garde des sceaux, le baron Pasquier, président de la chambre des pairs, le maréchal duc de Dalmatie, ministre de la guerre, le vice-amiral comte de Rigny, ministre de la marine, et M. Cauchy signèrent l'acte après la famille royale.

Cet honneur fut aussi accordé à MM. les généraux Atthalin, comte de Rumigny, Heymès, Marbot, Baudrand, Alexandre de Laborde, à MM. les comtes de Chabot, Jules de la Roche-

MARIAGE DU ROI LÉOPOLD

ET DE LA PRINCESSE LOUISE D'ORLEANS

foucauld, de Montesquiou, et de Chastellux ; au marquis du Chasteler, au comte d'Hane de Steenhuyse, à MM. Prisse, Van de Weyer, Van Praet, Firmin Rogier, au comte Van der Straten, au colonel Curt, à sir Henry Seaton et au docteur Lebeau.

La cérémonie religieuse commença immédiatement après. La chapelle était décorée avec une grande magnificence ; des colonnes de marbre blanc soutenant les tribunes ; le jubé recouvert d'une riche draperie de velours rouge ; de splendides lustres de cristal reflétant le feu de mille bougies ; les ornements de l'autel ciselés en vermeil et tous d'un travail admirable ; les chaises des deux époux de velours rouge galonnés d'or.

La reine Louise portait, ce jour-là, une robe * et un voile de dentelles en point de Bruxelles et une rivière de diamants d'un éclat merveilleux. Le roi Léopold était en grand uniforme, la poitrine décorée d'un grand nombre d'ordres étrangers, avec le grand cordon de la Légion d'honneur ; les jeunes princesses avaient des robes de mousseline blanche des Indes, leurs cheveux sans ornement ; Louis-Philippe portait l'uniforme de maréchal de France et le grand cordon de la Légion d'honneur.

Dans les tribunes et au milieu des dames de la cour et d'officiers généraux, plusieurs peintres occupaient des places réservées. L'un d'eux, M. Court, fut chargé par le roi Louis-Philippe de retracer sur la toile cette cérémonie. Son tableau se trouve aujourd'hui placé au Musée de Versailles **.

Mᵍʳ. l'évêque de Meaux, assisté de ses deux grands vicaires, officiait. Les paroles qu'il prononça, en s'adressant aux époux, émurent tous les cœurs, et ce ne fût qu'avec peine que Louis-Philippe et la reine Marie-Amélie purent réprimer

---

* Cette robe sortait de la fabrique de Mᵐᵉ J. D. T'Kint, de Bruxelles. La même fabrique avait fourni le manteau de cour destiné à la Reine et de la plus grande beauté.

** La gravure ci-contre a été dessinée d'après le tableau de M. Court.

leur attendrissement. La reine de Belges versait d'abondantes larmes et pria avec beaucoup de ferveur.

La cérémonie terminée, le cortége se rendit dans un appartement préparé pour le mariage d'après le rite luthérien que professe le roi des Belges. La bénédiction nuptiale fut donnée aux époux par un pasteur de l'église luthérienne de Paris.

Le lendemain, le roi et la reine des Belges reçurent solennellement toutes les personnes qui avaient eu l'honneur d'assister au mariage; puis, le roi Louis-Philippe et la reine Marie-Amélie, le roi et la reine des Belges, suivis d'une partie de la cour, parcoururent la ville en voiture. Un peloton de la garde nationale parisienne à cheval précédait le cortége. Le roi Léopold ayant aperçu dans la foule un capitaine de la garde civique bruxelloise, revêtu du nouvel uniforme adopté par ce corps, le salua d'un air affectueux et le fit remarquer à la reine des Belges qui le salua avec un empressement marqué.

L'ambassadeur d'Angleterre, lord Granville ; le comte d'Appony, ambassadeur d'Autriche, et le baron de Werther, ministre de Prusse, arrivèrent à Compiègne et adressèrent leurs félicitations au roi et à la reine des Belges.

Il y eut dîner de cent-vingt couverts dans la galerie de Diane, et la foule fut admise à circuler autour de la table royale. Le soir, il y eut au château spectacle gala. Louis-Philippe avait donné des ordres pour que des places particulières y fussent réservées à tous les Belges présentés à Compiègne. On entendit Martin et Ponchard dans *le Maître de chapelle* et *Maison à vendre.*

A l'occasion du mariage de sa fille bien-aimée, le roi Louis-Philippe envoya, accompagnée de lettres autographes conçues dans les termes les plus flatteurs, la croix d'officier de la Légion d'honneur à M. le comte Félix de Mérode et à M. Van de Weyer. M. le comte Lehon et M. de Muelenaere, ministre des affaires étrangères de Belgique, furent nommés commandeurs ; le docteur Lebeau reçut la croix de chevalier.

La visite faite le 11 par la famille royale aux ruines du château de Pierrefonds, dans le voisinage de Compiègne, doit avoir sa place ici. Construit en 1390 * par Louis d'Orléans, frère de Charles VI, ce manoir se trouvait visité à quatre siècles et demi de distance par un autre prince d'Orléans. Le souvenir du premier nous reporte au Moyen-âge, à des siècles de féodalité et d'oppression ; le second fut, au contraire, l'un des plus intelligents représentants de l'époque actuelle, d'un temps de liberté. Fils de cette grande révolution de 1789, dont il avait toujours servi le drapeau et qui mit un abîme entre l'ancien monde féodal et un monde nouveau, le duc d'Orléans, devenu roi des Français, faisait, le 11 août 1832, les honneurs d'un manoir féodal au roi des Belges qui, lui aussi, issu d'une race souveraine et dès longtemps illustre, se trouvait là le représentant du pouvoir conféré par un peuple éclairé et libre.

* Le château de Pierrefonds était le centre d'une châtellenie étendue et l'une des plus considérables du Valois. On vit souvent les rois de France rechercher l'alliance de ses seigneurs et réclamer le secours de leurs hommes d'armes. La force de ce château, placé dans un lieu presque inaccessible, l'avait rendu la terreur de la contrée. La juridiction de la châtellenie de Pierrefonds s'étendait sur le château de Martimont, sur la baronnie de Cramailles, la terre de Cœuvres-Estrées, le marquisat de Fayel et sur un grand nombre de fiefs ; les abbayes de Saint-Jean des Vignes, Longpont, Val-Séry et Saint-Jean au Bois étaient comprises dans cette juridiction. Assiégé en 1407 par les Bourguignons auxquels il résista ; au pouvoir des Anglais en 1420 ; repris par Charles VII, en 1429, et occupé par les Ligueurs, en 1587, le château fut démantelé en 1617 par l'ordre de Louis XIII ; on essaya de le démolir ; mais ses murs, construits de pierres de taille de grand appareil, offrirent une résistance telle qu'il fallut se borner à y pratiquer de larges brèches. Les pierres placées dans les angles étaient unies par des crampons de fer, scellés avec du plomb coulé. Les tours font l'admiration de l'archéologue.

Les logements étaient spacieux ; on y voyait de grandes galeries voûtées où les habitants des lieux voisins et les religieux des monastères, placés sous la sauvegarde du château, venaient à l'approche de l'ennemi porter leurs provi-

Le roi et la reine des Belges quittèrent Compiègne le 13 au matin. Après de longs et touchants adieux à sa mère, au roi Louis-Philippe et à tous les siens, la nouvelle reine prit place dans la voiture à côté de son royal époux et devint belge dès ce moment-là, mais en gardant à la France une affection qui ne s'est éteinte qu'avec elle.

Toute la route fut marquée par des fêtes brillantes. Les réceptions de Cambrai, de Douai et de Lille respiraient le plus vif enthousiasme. Il y eut un bal splendide dans cette dernière ville. La Reine y parut avec une robe de mousseline blanche brodée de soie ; des bouquets de fleurs bleues ornaient sa ceinture et ses cheveux ; elle portait au front et au cou un riche bandeau et un collier de diamants. Elle ouvrit le bal avec le maire de Lille.

Au village de Lépine, extrême frontière des deux pays, la garde civique de Tournai s'était rangée en bataille sur le territoire français. On remarquait à sa tête le colonel Dumortier-Rutteau, membre de la chambre des représentants. Là M. le duc de Choiseul fit à la reine Louise les derniers adieux de la France ; la reine en fut profondément émue. En arrivant sur le

sions et ce qu'ils avaient de plus précieux. Monstrelet, parlant de Pierrefonds, l'appelle « *un châtel moult bel et parfaitement édifié, moult fort défensa-* » *ble, bien garni et rempli de toutes choses appartenant à la guerre ;* » et l'artiste qui peignit *la galerie des Cerfs* à Fontainebleau lui donna place dans son œuvre. « Cet édifice — dit M. de Caumont — fut regardé, à juste titre, » comme un chef-d'œuvre d'architecture et l'une des merveilles de l'époque... » Il y a quelque chose de grandiose dans les ruines de Pierrefonds. Si vous allez » les visiter comme moi, un jour d'automne, lorsque les vents de l'équinoxe » viennent se briser en mugissant sur ces énormes masses de pierres, et qu'au » milieu de ce sombre murmure des vents vous entendiez les sons vagues et » doux des harpes éoliennes qu'on vient de placer au sommet de l'une des plus » hautes tours, vous serez frappé de la beauté du spectacle et d'une indéfinissa- » ble émotion. »

(*Archives historiques et ecclésiastiques de Picardie et d'Artois*, publiées par P. ROGER, ancien sous-préfet).

sol belge on lui présenta Mme la comtesse Henri de Mérode et
Mme la baronne d'Hooghvorst qui, dès ce jour-là, attachées à sa
personne en qualité de dames d'honneur, ont rempli jusqu'à sa
mort les devoirs de leur charge avec un dévouement qui ne s'est
pas un instant démenti.

Les fêtes de cette réception suivirent le Roi et la Reine jusqu'à Laeken. Leuze, Ath, Enghien, Saint-Ernel, Hal et même
les plus petits villages s'étaient décorés de verdure pour célébrer cette royale bienvenue. Les fêtes de Bruxelles furent magnifiques. Il y eut spectacle gala au théâtre de la Monnaie, où
la Muette de Portici fut chantée au milieu des acclamations populaires.

V

LA REINE AUX PALAIS DE LAEKEN
ET DE BRUXELLES

Elle sut pourtant se prêter au monde avec toute la dignité que demandait sa grandeur. Les rois, non plus que le soleil, n'ont pas reçu en vain l'éclat qui les environne; il est nécessaire au genre humain; et ils doivent, pour le repos autant que pour la décoration de l'univers, soutenir une majesté qui n'est qu'un rayon de celle de Dieu.

(ORAISON FUNÈBRE DE MARIE-THÉRÈSE D'AUTRICHE.)

Les reines, comme les rois, eurent toujours une prédilection marquée pour les résidences placées loin du bruit des cités, loin de l'étiquette des cours. C'est là qu'elles retrouvent les charmes d'une douce intimité, qu'elles se dépouillent des grandeurs et de la contrainte officielle pour redevenir épouses et mères.

Ce fut le secret des préférences qu'eut toujours la reine Louise pour la résidence de Laeken. Elle aimait à s'y retrouver seule avec le Roi, avec les princes, avec la jeune princesse Charlotte; c'est à Laeken qu'elle relisait les lettres de sa mère chérie, la reine Marie-Amélie; que Mme Henri de Mérode, sa dame d'honneur, venait s'entretenir avec elle des familles à secourir, de toutes ces bonnes œuvres dont la vie de la Reine fut remplie. Pendant dix-huit ans, et grâce à cette âme d'élite qui s'ouvrait à tous les malheurs, le palais de Laeken fut le palais de la charité, et les pauvres en savaient le chemin.

« Si elle eut de la joie à régner — dit le plus grand des » orateurs chrétiens en parlant de la reine Henriette d'Angle- » terre — c'est surtout parce qu'elle pouvait contenter le désir

6

» immense qui sans cesse la sollicitait à faire du bien. Elle
» avait une magnificence royale et l'on eût dit qu'elle perdait ce
» qu'elle ne donnait pas. » Ces belles paroles de Bossuet peu
vent ici trouver leur place, et c'était, mue par le désir de faire
plus de bien encore, c'était pour donner à ses charités un résultat
plus efficace que, s'attristant, un jour, de n'avoir pas de plus
grandes sommes à leur appliquer, elle disait à une de ses dames
d'honneur : « Ce qui me console, du moins, c'est que j'ai eu le
» bonheur de n'avoir jamais de fantaisies. »

D'autres soins encore remplissaient la vie de la Reine : l'é-
ducation de ses enfants, d'abord; une sollicitude de tous les
instants pour la direction de l'esprit et du cœur de la jeune
princesse Charlotte; sa correspondance avec la reine Marie
Amélie si régulière, si précieuse pour la mère et la fille, qu'elle
fut presque de tous les jours pendant dix-huit ans; d'autres
correspondances encore, avec la princesse Marie et, plus tard,
avec la reine Victoria, la duchesse de Kent et la prin
cesse de Prusse; la lecture d'un grand nombre de journaux ;
l'examen des productions historiques et littéraires les plus remarquables parmi celles qui paraissaient à Paris et à Londres.
Souvent le Roi passait la soirée avec la Reine, et il arrivait
fréquemment qu'elle faisait la lecture à haute voix, discutant
ensuite avec le Roi les opinions émises par l'auteur. La Reine,
douée d'un jugement sûr, d'un goût éclairé, étonna plus d'une
fois le Roi par la haute portée de ses aperçus.

La politique intérieure du pays resta toujours en dehors des
influences de la Reine. S'en remettant uniquement au Roi et au
bon sens du pays du soin de diriger les affaires publiques, elle
se borna toujours à des vœux pour le bonheur de la Belgique,
sans permettre jamais que son nom fût mêlé aux luttes des
partis. Sa piété profonde et la ferveur de ses pratiques religieuses ne furent jamais une arme pour les hommes de
l'opinion catholique et n'étaient pas comptées dans la ba-

lance où se pesaient les décisions du Roi; et quant aux beaux esprits du libéralisme, aux disciples de Voltaire, ils se sentaient saisis de respect, pénétrés d'une véritable admiration, pour cette femme si sincèrement pieuse, d'une tolérance si douce et d'un instinct si miséricordieux.

Les premières larmes que versa la Reine, après son arrivée en Belgique, datent de la perte de son premier-né, Louis-Philippe-Léopold-Victor-Ernest, prince royal, que la mort emporta au berceau. D'autres douleurs devaient la frapper encore ! Ce fut, d'abord, la fin si prématurée de la princesse Marie, morte à Pise en 1839, et que la Reine, sa sœur, avait surnommée *l'ange poétique de la maison d'Orléans* *.Puis, le 13 juillet 1842, à quelques pas de la porte Maillot, le duc d'Orléans, prince royal, perdait la vie dans des circonstances fatales. Ce jour-là, le roi Louis-Philippe douta de la fortune de sa maison, et la reine des Belges s'écriait en apprenant ce funeste événement : *C'est pour la France un irréparable malheur !...* Paroles prophétiques dont Février 1848 vint révéler plus tard le sens profond.

On attendait le roi Léopold et la Reine à Liége pour les fêtes de l'inauguration de la statue de Grétry, quand la nouvelle de la mort du prince royal parvint à Bruxelles. Ce voyage ne se fit pas; le Roi et la Reine partirent pour Paris où une lettre du roi Louis-Philippe réclamait leur présence auprès de la reine Marie-Amélie. La perte était immense pour cette royale fa

---

* On n'a pas oublié la profonde impression que fit dans le monde artistique la statue de *Jeanne d'Arc* exposée par la princesse Marie lors de l'inauguration du Musée de Versailles. Charmé des suffrages unanimes que l'œuvre de sa fille recevait, Louis-Philippe lui demanda ce qu'elle désirait recevoir en échange de son travail. « Combien donnez-vous, dit la princesse à son père, aux autres statuaires ? » — « Dix mille francs, ma fille, répondit le Roi, et ils vous seront payés demain, car vous les avez bien mérités. » Le lendemain, la princesse Marie distribuait les 10,000 francs à ses pauvres de prédilection.

mille; elle fut plus grande encore pour la France, que le duc d'Orléans servait si noblement de son épée, qu'il eût plus tard peut-être, sauvée de si grands orages!...

« La douleur est inséparable de la royauté; c'est la foudre » frappant les arbres les plus élevés! » * Nobles paroles dont la vérité apparaît dans tout son éclat lorsqu'on songe aux appréhensions incessantes qui remplirent le cœur de la reine des Belges depuis le jour où la révolution de Juillet plaça la couronne de France sur le front de son père. Et quel roi, depuis Henri IV, fut plus souvent que Louis-Philippe en butte aux balles ou au poignard des régicides? Depuis que Fieschi ouvrit la voie fatale, chaque heure qui s'écoulait pouvait être la dernière de ce prince, car sa mort était devenue le but suprême pour ces farouches sectateurs de la doctrine de 1793, dont Morey, Pepin et Alibaud furent successivement les instruments!.. Et chaque soir, dans le palais de Laeken, la Reine se disait tristement : « Qui sait si, à l'heure où j'écris à ma mère, la » balle ou le poignard d'un assassin n'a pas frappé le roi, mon » père, ou l'un de mes frères chéris! » Toujours inquiète, toujours troublée, s'abandonnant à des craintes que le cœur des humbles de la terre ne connaît pas, que de fois le sien fit ressortir la vérité de ces belles paroles si souvent citées : « On s'é- » tonne de la quantité de larmes que les yeux d'une reine peu- » vent contenir! »

Et lorsque l'issue fatale de la révolution de Février ouvrit le chemin de l'exil au roi Louis-Philippe, qui dira ce que le cœur de la reine des Belges endura de tourments? Pendant huit jours, on fut sans nouvelles à Bruxelles sur le sort de Louis-Philippe et de Marie-Amélie. La tempête révolutionnaire avait dispersé dans des directions différentes et ignorées et le père et les en-

---

* (*Tableau de la vie et de la mort de la Reine*, par M. RASTOUL DE MONTGEOT.)

fants... que d'alarmes!.. que de pleurs répandus!.. Enfin, on sut à Laeken que toute la royale famille avait pu gagner les côtes d'Angleterre!.. Huit jours furent un siècle alors pour cette reine désolée, tremblante à la fois pour son père, pour sa mère, et pour ses frères bien-aimés.

Et, pourtant, quelle femme au monde méritait mieux que la reine des Belges d'être exempte de si grands tourments! Où trouver plus de bonté, plus de douceur, plus de piété sincère, une âme plus ouverte à l'indulgence et à la charité?

Un volume ne suffirait pas pour révéler tous ses bienfaits, pour bien mettre en relief les qualités de son cœur. Dès son enfance, on avait reconnu en elle ce fonds d'inépuisable bonté auquel tous ceux qui l'entourèrent depuis se plurent à rendre hommage. Le roi Louis-Philippe racontait quelquefois qu'étant encore duc d'Orléans, il aimait à aller visiter, chaque matin, dans les jardins de Neuilly un admirable pêcher, et qu'un jour la plus belle pêche s'étant trouvée détachée de l'arbre par l'inadvertance du duc de Nemours encore enfant, ce dernier en fut fort effrayé et confia à sa sœur ce qui venait d'arriver. La princesse, touchée du chagrin de son jeune frère, le tranquillisa et déclara qu'elle était la coupable. Le duc de Nemours dit, quelque temps après, la vérité à son père. Ce trait a peu d'importance, mais peint bien le caractère de la Reine; et, plus tard, au palais de Laeken ou de Bruxelles, que de fois on l'a vue excuser ce qui pouvait être blâmé autour d'elle! Et lorsque le service de sa maison souffrait de quelque irrégularité, sa parole indulgente ne fit jamais défaut; il arriva même alors quelquefois que la Reine chercha presque à s'attribuer des torts imaginaires, mue par la bienveillante pensée de voiler des torts réels.

Sa charité était inépuisable, et elle avait une manière d'obliger si ingénieuse et si délicate, que le prix du bienfait en était doublé. Un jour qu'elle accompagnait le Roi à sa terre d'Ar-

denne, un respectable ecclésiastique fut admis auprès d'elle et lui parla en ces termes : « Je viens recommander à Votre Majesté
» une famille d'honnêtes fermiers de Beauraing ; le père a trois
» fils et quatre filles ; deux de ceux-ci sont mariés ; la mi-
» lice réclame le troisième, seul soutien d'un père vieux et
» infirme, et ils sont hors d'état d'acheter un remplaçant. »

« Monsieur le curé, dit l'excellente Reine, mes ressources sont
» peu considérables en ce moment ; beaucoup de malheurs me
» sont signalés ; beaucoup d'infortunés réclament mon assistance.
» Cependant j'ai un peu d'argent en réserve ici ; peut-être cela
» suffira-t-il. » A ces mots, la Reine se lève et va chercher dans un petit meuble deux billets de cinq cents francs qu'elle remet à l'ecclésiastique. La somme suffit et au-delà pour procurer un remplaçant.

Des malheurs imprévus plaçaient un habitant de Bruxelles dans la nécessité de suspendre ses paiements. Sa femme prit la résolution d'implorer l'assistance de la Reine, et ne l'ayant pas trouvée à Laeken, elle partit sur-le-champ pour Dinant. La Reine était à Ardenne avec le Roi. Épuisée de fatigue et l'âme attristée, la pauvre solliciteuse demande audience ; la Reine était malade et gardait le lit ; elle la reçut pourtant et, sur le récit de ses malheurs, la Reine remit un bon de quatre mille francs sur l'intendant de la liste civile. Pour ajouter plus de prix encore à ce bienfait, la Reine ordonna qu'on servît à dîner à cette femme et la fit reconduire ensuite jusqu'à Dinant dans une voiture de la cour.

Un bourg des plus considérables du Brabant était dépourvu d'une cloche assez grosse pour pouvoir appeler de loin les fidèles à la maison de Dieu. La fabrique, le curé et les habi-tants se multipliaient en efforts afin de réunir des ressources suf-fisantes pour en acquérir une ; mais ces efforts restaient vains. La Reine, visitant ce bourg, apprend que l'église n'a pas de cloche. Or, peu de temps après, un journal ayant annoncé qu'on cherchait à en céder une, la Reine se souvint de sa visite, fit acheter discrètement cette cloche, et on l'envoya par ses ordres dans le bourg où chacun s'émerveilla de sa venue. Cette cloche reçut le nom de *Louise-Marie*.

Pendant que la Reine se trouvait au château d'Ardenne, elle alla visiter, un jour, une ferme-modèle où l'on élevait avec soin des taureaux de Durham. Un pauvre paysan se trouvait là, et, admirant leur belle venue, il s'écria naïvement et assez haut pour être entendu de la Reine : « Eh ! si j'avais seule- » ment une de ces bêtes, les choses iraient bien mieux chez » moi... ma femme et mes enfants n'auraient plus rien à crain- » dre de la misère ! » La Reine entend ce propos qui l'émeut tristement. Elle prend quelques informations et se fait bien fixer sur l'honnêteté et la pauvreté du paysan et de sa famille; quelques semaines plus tard, les vœux qu'elle avait entendu former étaient doublement exaucés... deux belles vaches de Durham arrivaient dans la demeure du paysan et portaient l'aisance dans sa maison.

Les congés sollicités par les miliciens, les requêtes en grâces, l'avancement méconnu, les industries naissantes à encourager, les jeunes filles à doter ou à préserver des malheurs de l'in-conduite, les établissements charitables à patroner, les cha-pelles à décorer, tout devint pour la Reine un motif de sollici-tude et l'occasion d'un bienfait. Comme Titus, elle eût dit volontiers : « Quand je n'ai pas fait une bonne action, j'ai perdu ma journée ! »

Les bienfaits de la Reine ne se bornèrent pas à des charités privées *. Les établissements de bienfaisance, les pieuses insti-

---

Le cours de la prospérité publique et privée eut beaucoup à souffrir dans une partie de l'Europe à la suite de la crise alimentaire provoquée par la ma-ladie des pommes de terre et le manque de céréales. Le fléau du paupérisme s'étendit alors sur les Flandres, et il fallut d'énergiques efforts pour conjurer ces désastres qui prirent les proportions d'une calamité nationale. La Reine fut

tutions reçurent aussi ses encouragements et ses dons. Nous citerons les maisons de sourds et muets et les maisons d'aveugles, les associations maternelles, fondées, il y a quarante ans, sous la protection de l'impératrice Joséphine et de la mère de l'empereur Napoléon, précieux établissements qui, depuis, ont rendu de si grands services à l'humanité. La société pour la propagation des bons livres et celle de Saint-Jean Régis, ayant pour but de rendre le mariage accessible aux classes pauvres et de légitimer les enfants naturels, recevaient aussi les bien faits de la Reine; nous mentionnerons, de plus, la société pour la propagation de la foi et celle de Saint-Vincent de Paule.

Les écoles gardiennes de Bruxelles durent leur établissement à la reine des Belges dont la sollicitude s'était aussi étendue sur *les écoles dentellières.* Ces dernières reçurent son patronage spé-

invoquée de toutes parts comme un ange de bienfaisance et de charité. Aux dons continuels que prodiguait son inépuisable bonté, à toutes les institutions de prévoyance et de secours dont elle était la royale protectrice, à ces orphelins qu'elle adoptait, à ces veuves qu'elle consolait de la perte de leur unique appui, à ces vieillards dont elle mettait les derniers jours à l'abri du besoin, à cette série continuelle de bonnes actions vinrent se joindre des dons extraordinaires, des mesures en rapport avec la gravité des circonstances, inspirées par la pitié la plus tendre, la plus ingénieuse.

A chacune de ces expositions philanthropiques, qui se multipliaient par enchantement dans nos différentes villes, et qui appelaient le prestige des arts au secours de l'infortune, on voyait paraître de riches dons de la Reine, d'admirables ouvrages qui semblaient sortis de la main d'une fée; cette fée, c'était la petite-fille de Henri IV. Et le château des Tuileries ne manquait jamais, dans ces pénibles circonstances, de joindre son tribut au tribut envoyé par le palais de Laeken.

Aussi toutes les fois que le malheur venait à frapper une famille, toutes les fois qu'un grand désastre demandait un prompt secours, chacun s'écriait à Bruxelles, comme dans les provinces : « Si la Reine le savait !... » Aujourd'hui, on dira : « Si la Reine vivait encore ! »

(*Tableau de la vie et de la mort de la Reine,*
par M. RASTOUL DE MONTGEOT.)

cial ; elle aimait à les visiter ; elle avait même rédigé des règle-
ments d'ordre intérieur pour ceux de ces établissements qui lui
doivent leur fondation. On la vit présider aux distributions
de prix de ces écoles et adresser des félicitations et des encouragements aux jeunes filles que leur habileté et leur bonne conduite avaient fait distinguer. Elle avait un plaisir extrême à
faire travailler pour son compte personnel les plus habiles de
ses protégées, et les dentelles que ces dernières fabriquaient
étaient ensuite envoyées en présent aux princesses de sa
famille.

C'est ainsi qu'elle adressa plusieurs voilettes de dentelles,
ouvragées dans les écoles qu'elle patronait, à sa sœur, la princesse Clémentine, et à sa belle-sœur la duchesse de Nemours ;
qu'elle fit don à la reine Marie-Amélie d'une magnifique collection de toutes les dentelles travaillées dans le pays. La reine
Victoria reçut même de la Reine différentes garnitures de
dentelles de Bruxelles d'une grande valeur. La Reine était
d'autant plus charmée d'envoyer ces présents à l'Etranger
qu'elle contribuait ainsi à faire connaître et apprécier au loin
l'industrie belge *.

On a vu des princesses d'une haute piété faire éclater l'ar
deur de leurs croyances religieuses, mais porter dans le monde

---

* « On se sent involontairement entraîné à comparer la reine des Belges à
notre bonne reine Adélaïde. Toutes deux furent remarquables par leur extrême
piété, l'étendue de leur bienfaisance et la manière simple et sans ostentation
avec laquelle elles pratiquaient la charité. Elles se plaisaient à porter elles
mêmes des secours aux nécessiteux. On ne saurait compter tous les vêtements
que la reine des Belges faisait elle-même ou faisait faire pour les indigents.
Dans toutes les loteries au profit des pauvres, on était sûr de voir un grand
nombre d'ouvrages de la Reine. Catholique, elle servait de lien entre le roi protestant et le parti catholique. Ses bons offices ont été bien précieux pour la
Belgique. »   (*Morning Chronicle.*)

« La reine des Belges unissait un jugement très-sain à l'esprit le plus élevé ;

une attitude austère et un cœur souvent impitoyable ; d'autres, au contraire, surent comme la reine des Belges allier la sincérité de leur foi aux exigences du trône. Aux bals de la cour, la Reine ne dansait plus depuis bien des années ; mais elle comprenait qu'on dansât ; et son regard, plein de douceur et de bonté, disait à tous combien elle se prêtait à ces joies permises, à ces plaisirs du bal qui éclataient autour d'elle.

Et cette reine si tolérante, d'une bonté que rien ne lassait, se montra toujours sévère pour elle-même. Etrangère à cet égoïsme qui resserre tant de cœurs, elle faisait l'admiration de sa mère, la reine Marie-Amélie, qui répétait souvent : « Louise » n'a jamais connu *le moi*! » Lorsque, à Claremont, la famille d'Orléans se trouva subitement frappée d'un mal dont la source, d'abord inconnue, inspirait à tous de si vives inquiétudes, la reine des Belges ne quitta plus le chevet de parents qu'elle chérissait ; et lorsque, voyant ses forces épuisées, la comtesse d'Hulst l'engageait à prendre du repos, lui faisant redouter pour elle-même les atteintes du mal, la Reine répondit avec calme : « Nous sommes dans l'âge dur... Sachons souf- » frir et ne pensons qu'à ceux qui nous sont chers ! »

Ennemie du faste, la Reine bannit de la cour toute contrainte. Elle avait pour dame d'honneur Mme la comtesse Henri

---

elle avait, en outre, des connaissances solides, une bonté inépuisable, une piété sublime et une générosité sans bornes. Le feu roi Louis-Philippe, dont elle était l'enfant de prédilection, ainsi que son royal époux étaient loin de dédaigner ses conseils, qui étaient toujours dictés par la justice et la clémence. Elle n'était pas seulement l'idole de sa famille ; on l'adorait aussi en Angleterre, et notre souveraine la comptait au nombre de ses meilleures amies. Les deux reines entretenaient une correspondance active, et bien que la reine Louise connût parfaitement notre langue, la reine Victoria lui écrivait toujours en français, langue qui permet l'intimité du « *tu* » et du « *toi*. » Le duc de Wellington, qui avait aussi une admiration et un respect des plus profonds pour elle, ne laissa jamais échapper l'occasion de lui témoigner ces deux sentiments. »

(*Morning Post.*)

de Mérode-Westerloo, princesse de Rubempré, née comtesse de Thésan ; les dames du palais furent Mme la baronne d'Hooghvorst, née de Wal d'Anthines ; Mme la baronne de Stassart, née comtesse de Peysac ; Mme la comtesse Vilain XIIII, née baronne de Feltz ; Mme la comtesse Van der Straten, née comtesse de Beaufort-Spontin ; Mme la marquise Clémentine de Trazegnies mariée, depuis, au comte Lupi de Montalto, et Mme la baronne d'Overschie de Neerysche. Peu de cours en Europe ont offert, de nos jours, des réceptions plus fréquentes et plus remarquées pour l'élégance et l'éclat. Bruxelles n'avait pas dans ses murs de voyageur de distinction qui ne fût invité au palais, et, dans ses relations officielles, la Reine savait parler à chaque visiteur avec tant d'à-propos et un si grand fonds de bienveillance, que tous se sentaient saisis d'admiration et de respectueuse sympathie pour cette souveraine adorée. Devant elle, les partis se taisaient, et on voyait les hommes de l'opposition parlementaire déposer leurs haines politiques. Que de fois une seule parole de la Reine désarma des hostilités qui semblaient ne pouvoir être vaincues !... et c'est ainsi que, sans mêler son nom à la politique du pays, la Reine exerçait sur les partis une salutaire influence.

VI

VOYAGE EN ALLEMAGNE DE LA REINE DES BELGES ET DE LA REINE VICTORIA.

L'ombre de Luther tressaillit de joie à la vue
de l'héritière d'Henri VIII visitant le palais de
Cobourg; et l'Allemagne pro'estante s'inclina
avec respect devant la reine Louise, cette fille
des rois, si chère à l'Église romaine et l'emblème
de tant de vertus.

(FEUILLES ALLEMANDES.)

Dans le mois d'août 1843, la reine Victoria et le prince Albert traversèrent la Belgique pour se rendre en Allemagne. On se souvient que pendant que la Chambre des Lords discutait gravement, sur la motion de lord Campbell, la question de savoir si la reine d'Angleterre avait le droit de quitter un seul moment le sol anglais, celle-ci, déjà montée sur le yacht royal *Victoria and Albert*, débarquait sur les côtes de Belgique. Elle se trouvait à la vue d'Anvers le dimanche 10 août et, remontant l'Escaut, elle fut complimentée par l'ambassadeur d'Angleterre, sir Hamilton Seymour, et par le baron d'Arnim, ambassadeur de Prusse à Bruxelles, pendant qu'un corps de musique exécutait sur les bords du fleuve l'air national anglais : *God save the Queen*. Ni la reine ni le prince Albert ne parurent cependant sur le pont du yacht royal ; seul, lord Aberdeen se montra pendant quelques instants entre les deux tambours du navire.

La Reine écrivit immédiatement au roi des Belges et au roi de Prusse pour leur annoncer son arrivée à Anvers. Le débarquement s'effectua sur le quai de Rubens, le lundi matin, au milieu d'un grand concours de population *. A sept heures, le convoi

---

* La Reine voyageant incognito avait désiré qu'aucune disposition ne fût prise à Anvers pour sa réception. Elle fut seulement complimentée au moment de son débarquement et au milieu d'une foule immense par M. Gérard le Grelle,

royal traversait Malines; les couleurs belges et anglaises flottaient aux abords de la station où le roi et la reine des Belges attendaient l'auguste voyageuse, entourée d'une suite nombreuse dans laquelle on remarquait le comte d'Arschot, le général Goblet, le baron d'Hooghvorst, général en chef des gardes civiques, M. Van de Weyer, ministre de Belgique à Londres.

Le convoi s'étant arrêté, le roi et la reine des Belges saluèrent la suite de la reine Victoria et se placèrent auprès d'elle dans la berline royale; puis on prit la route de Liége au milieu des acclamations de la population. Le roi Léopold et la reine ̄ Louise se séparèrent à Verviers de la reine Victoria et retournèrent à Laeken pendant que cette dernière prenait le chemin de l'Allemagne où ils ne devaient pas tarder à se retrouver.

La présence de la reine d'Angleterre sur le sol allemand fixa l'attention de l'Europe, et le protestantisme ne manqua pas de donner beaucoup d'éclat et de retentissement à tout ce voyage. A Herbesthal, première station prussienne, la Reine et le prince Albert furent reçus par le prince royal de Prusse qui les accompagna jusqu'à Aix-la-Chapelle où le roi de Prusse les attendait pour les conduire à Cologne et de là au château de Brühl, résidence de la reine et de la princesse de Prusse.

Arrivés à Brühl le lundi soir, la reine Victoria et le prince Albert assistèrent le lendemain matin, à Bonn, au festival de Beethoven et, le soir, au grand feu d'artifice qui fut tiré à Cologne. Le mercredi 13, la reine Victoria se rendit à un second concert à Bonn où se trouvèrent réunis le roi et la reine de Prusse, le prince Albert, le prince et la princesse de Prusse, le prince Guillaume, le prince Frédéric, et le prince Adalbert de Prusse, le duc de Nassau, la princesse de Wurtemberg et beaucoup d'autres princes et personnages de la plus haute distinc-

bourgmestre de la ville, par le gouverneur de la province, M. Henri de Brouckère, et par le général comte d'Hane. Conformément aux désirs de la Reine, ces derniers ne portaient pas de costume officiel.

tion. L'archiduc Frédéric d'Autriche, fils du grand archiduc Charles, était arrivé de Vienne pour féliciter la reine d'Angleterre au nom de l'empereur. On sait que ce prince, amiral de la marine autrichienne, avait fait ses premières armes en 1840 dans le combat de Saint-Jean d'Acre.

On remarquait parmi les personnes de distinction qui accompagnaient la reine Victoria le comte Aberdeen, ministre des affaires étrangères, et le comte Liverpool, grand maréchal de la cour, le comte de Westmoreland, ambassadeur d'Angleterre à la cour de Berlin, et la comtesse de Westmoreland, la comtesse de Gainsborough et la vicomtesse Canning, dames d'honneur de la reine, le colonel Wylde, attaché à la personne du prince Albert, le docteur Clarke, médecin de la cour, et M. Anson, secrétaire du prince. La Reine, après le concert, alla voir la cathédrale de Cologne, visite dont elle abrégea la durée pour retourner à Brühl, dès qu'elle apprit que le roi et la reine des Belges venaient d'y arriver.

Le roi et la reine des Belges avaient quitté Bruxelles le 13 août pour venir rejoindre la reine d'Angleterre. LL. MM. étaient accompagnées du baron de Dieskau, faisant fonctions d'aide de camp du roi, et de Mme la comtesse Van der Straten. dame du palais. A la station d'Aix-la-Chapelle, LL. MM. reçurent les hommages des magistrats de la cité : puis, le lieutenant-général de Kanitz, commandant la division militaire de Cologne, et le major de Rechberg, chargé par le roi de Prusse de les complimenter et de remplir les fonctions d'aide de camp auprès du roi Léopold, conduisirent LL. MM. à Cologne.

La réunion dans cette ville du roi de Prusse, du roi des Belges et de la reine d'Angleterre était digne d'attention. Elle avait lieu presque sous les murs de la gothique cathédrale dont la restauration toujours promise, si longtemps ajournée, venait enfin de jeter tant de joie dans les cœurs catholiques. Et voilà qu'à côté des grandeurs de l'Eglise, les grandeurs humaines se groupaient, elles aussi, à Cologne et y fixaient l'attention de l'Europe. Après les luttes religieuses qui avaient précédé, après les persécutions du dernier roi et l'éclatante fermeté déployée par l'archevêque de Cologne, cette restauration du plus bel édifice religieux de l'Allemagne catholique marquait l'heure d'une ère réparatrice et devenait un véritable symbole de réconciliation; aussi la reine des Belges, dont chacun savait la haute piété, fut-elle l'objet à Cologne des plus grandes sympathies et salua-t-on sa venue de vives acclamations.

Le soir, il y eut un grand concert au château de Brühl. Lorsqu'on annonça dans la salle la reine d'Angleterre, le roi et la reine de Prusse allèrent au-devant d'elle, et le roi la conduisit jusqu'à son fauteuil placé en face de l'orchestre; la reine de Prusse ayant pris le bras du roi des Belges, le prince de Prusse avait offert le sien à la reine des Belges. Le concert, dont l'exécution était confiée à Meyerbeer, qui tenait le piano, commença par un poëme mis en musique par ce célèbre compositeur, en l'honneur de la visite de la reine Victoria. Les vers du poëme étaient de Forster; les solos furent chantés par MM. Mantius, Pischeck et Standigl. On entendit aussi Mlle Tuczeck, Liszt, Jenny Lind et Pauline Viardot. Ces deux dernières eurent un grand succès et, avant de quitter la salle du concert, la reine Victoria félicita l'une et l'autre sur leur beau talent. Liszt reçut aussi les félicitations de la reine d'Angleterre, du roi de Prusse, et surtout du prince Albert, pour sa magnifique cantate qui commence par ces mots : *Les rois sont rivés à l'histoire.*

Le départ de Brühl eut lieu le 14. Les deux reines, le roi Léopold et le prince Albert s'embarquèrent sur le Rhin pour le château royal de Stolzenfels. Alors toute étiquette disparut; on eût dit de simples voyageurs, une de ces parties de campagne comme les Allemands les comprennent si bien; la reine Victoria dessinait sur le bateau à vapeur; roi et princesses n'étaient plus là que d'intelligents touristes rendant hommage aux magnificences des belles contrées qu'ils parcouraient. Dans le voisinage de Coblence, le cortége fut salué par deux cents coups de canon partis de la forteresse d'Ehrenbreistein et le soir, vers cinq heures, on arriva au château royal de Stolzenfels.

Des corps de cavalerie et d'infanterie attendaient l'arrivée de LL. MM. Le débarcadère était couvert de riches tapis, et des guirlandes ou couronnes de myrtes et de lauriers ornaient ses balustrades. Tout le chemin qui conduit au château était semé de fleurs; les troupes formaient la haie. Les appartements préparés pour LL. MM. étaient décorés avec une rare magnificence; ils avaient vue sur le Rhin jusqu'à la forteresse d'Ehrenbreistein. Tout le château fut illuminé *à giorno,* et un feu d'artifice qui ne le cédait pas à celui que la reine Victoria avait admiré à Cologne fut tiré devant les fenêtres de la grand' salle du château. Coblence, Lahneck, Oberlahustein et plusieurs autres points placés en vue du château étaient également illuminés; pendant ce temps le silence de la nuit était, à de courts intervalles, troublé par le canon d'Ehrenbreistein.

Les princes et dignitaires invités dans cette royale résidence étaient les mêmes qu'au Brühl. Le prince de Metternich, archichancelier d'Autriche, vint se joindre à eux, accompagné de sa famille, du comte Esterhazy, du comte de Lebzeltern, du baron de Werner et du baron de Neumann, aujourd'hui ministre d'Autriche à Bruxelles. Ces derniers appartenaient tous à la chancellerie impériale et se trouvaient alors au Johannisberg. Le prince de Metternich reçut de la reine d'Angleterre l'accueil le plus distingué et le plus flatteur. Cet homme d'Etat, qu'aucune révolution n'a lassé, qui a vu leur flot monter, puis si vite décroître et disparaître comme les eaux du torrent, ne pouvait manquer d'être fort remarqué au milieu de cette cour de princes allemands qui tous s'inclinaient au souvenir de ce que le premier-ministre de l'empire d'Autriche avait fait avant 1814 pour l'indépendance de l'Allemagne et, depuis, pour lutter contre les tempêtes révolutionnaires, cherchant toujours, avec cette fixité de vues et cette sûreté d'exécution dont les véritables hommes d'Etat ont seuls le secret, à faire prévaloir le principe d'autorité contre le désordre des esprits.

Le roi et la reine des Belges logèrent au palais royal de Coblence, voisin de Stolzenfels. Le 15 août, jour de fête solennelle, la reine Louise se rendit à l'église Saint-Jean, accompagnée du comte de Waldeck, chargé par le roi de Prusse de remplir auprès de la reine les fonctions de chambellan. Le choix du comte de Waldeck, appartenant à une famille des plus distinguées de la noblesse allemande et dans laquelle les sentiments catholiques sont héréditaires, était plein d'à-propos et fut fort remarqué. Le clergé alla au-devant de la Reine lorsqu'elle se rendit à l'église et tous les catholiques de Coblence ne manquèrent pas de se trouver sur le passage de S. M.

Il y eut grand concert le soir au château de Stolzenfels. On y couvrit d'applaudissements un quatuor de l'opéra de *Phèdre*, dont le comte de Westmoreland, ambassadeur d'Angleterre à Berlin, avait fait la musique ; Pauline Viardot chanta une ravissante sicilienne; on eut Listz et Vieuxtemps; enfin, Pauline Viardot et Jenny Lind chantèrent *la Mère grand*', ballade de Meyerbeer. On regretta beaucoup qu'un changement de dispositions dans l'itinéraire du voyage ne permît pas de fêter la présence de la reine Victoria au théâtre de Coblence. On avait fait pour cette soirée de brillants préparatifs et on assure que le roi de Prusse avait envoyé 30,000 écus de sa cassette particulière pour monter l'opéra de *la Norma* dont Meyerbeer devait diriger l'exécution et dans lequel Jenny Lind eût chanté le beau rôle de la prêtresse gauloise.

La reine Victoria quitta Stolzenfels le 16 août, se dirigeant sur Mayence où elle fut reçue par le prince Guillaume de Prusse et prit ensuite la route de Cobourg. * A Wurtzbourg, elle reçut la visite du prince royal de Bavière, accouru de Munich pour lui offrir ses hommages et l'hospitalité dans son château royal. De leur côté, le roi et la reine des Belges reçurent au palais de Coblence les princes et les dignitaires prussiens, puis se rendirent à Cobourg par Francfort. Car Cobourg était le but et le terme de tout ce voyage. Mariée au prince Albert de Saxe-Cobourg, on comprend quel attrait s'attachait pour la reine Victoria à cette visite. Le roi et la reine des Belges l'avaient

NOMENCLATURE DES ROIS, REINES, PRINCES, PRINCESSES, DIGNITAIRES ET PERSONNES DE DISTINCTION QUI SE TROUVÈRENT RÉUNIS A BRUHL ET A STOLZENFELS.

Le roi et la reine des Belges — la reine d'Angleterre et le prince Albert le roi et la reine de Prusse — le prince et la princesse de Prusse — le prince Guillaume de Prusse — le prince Frédéric de Prusse — le prince Adalbert de Prusse — l'archiduc Frédéric d'Autriche — le duc de Nassau — le duc d'Anhalt-Coethen — la duchesse de Dessau et sa fille — le prince et la princesse Charles de Hesse et au Rhin — deux princes de Solms-Braunfels — le prince de Neuwied — le prince héréditaire de Schaumbourg-Lippe — la princesse de Wurtemberg — le prince Frédéric de Wurtemberg — la duchesse douairière de Nassau — le prince de Metternich et sa famille.

A la suite du roi de Prusse : le comte de Stolberg — M. de Bodelschwing le comte de Kanitz, ministre à Vienne — le maréchal de cour de Meyerinck — le grand-maître des cérémonies comte Pourtalès — l'intendant des théâtres comte de Bedern — le grand-écuyer général de Brandenstein — le géneral de Neumann — le colonel comte de Bruhl — le major de Willisen — M. Alexandre de Humboldt — M. de Voss — le chambellan M. de Schleinitz — le chambellan comte de Witzleben — le chambellan comte de Doenhoff — le chambellan comte de Boos-Waldeck — les lieutenants-généraux comte Kanitz, comte Groeben, de Thiele, de Pfuhl, de Holleben, de Bardeleben — le major de Rechberg — Dames de la cour de Prusse : la grande-maîtresse comtesse de Rheede — Mlle de Maltzan — la comtesse de Hacke — la comtesse de Hacke, sa sœur.

Cour d'Angleterre : le comte Aberdeen — lord Liverpool — la vicomtesse Canning — lady Gainsborough — le comte et la comtesse de Westmoreland — le colonel Wylde — M. Anson.

A la suite du roi Léopold et de la reine des Belges : le baron de Dieskau — la comtesse Van der Straten, dame du palais.

précédée d'une heure à Cobourg. Comme elle, la reine Louise se trouvait pour la première fois dans la patrie de son époux. Le duc régnant, frère du prince Albert et neveu du roi des Belges, reçut avec les marques de la joie la plus vive ces deux reines et ce roi qui honoraient à la fois de leur présence la capitale de ses Etats.

A l'entrée de Cobourg, on avait érigé un arc de triomphe aux armes et aux couleurs anglaises et belges. De belles jeunes filles choisies dans les premières familles du pays présentèrent aux deux reines des bouquets et des vers. Le bourgmestre et le conseil de la ville, les sociétés de tir, les délégués de la bourgeoisie, les corporations des métiers, le directeur de la poste princière de la Tour et Taxis, le personnel des chasses ducales, précédaient la voiture attelée de six chevaux et où se trouvaient la reine Victoria et la reine Louise, le roi des Belges et le prince Albert. Le duc régnant, à cheval, marchait à côté de la voiture royale, suivi d'un brillant état-major.

Arrivées au château royal d'Ehrenbourg les deux reines trouvèrent au pied du grand escalier d'honneur Mme la duchesse régnante de Cobourg, Mme la duchesse douairière Marie et les autres membres de la famille ducale, le grand-duc de Bade, la grande-duchesse de Russie Anne Féodorowna et la duchesse de Kent, mère de la reine Victoria. Une cour brillante se trouvait aussi réunie à Cobourg pour faire aux deux reines les honneurs de l'Allemagne. Princesse protestante et ayant déjà en elle du sang de Saxe-Cobourg; mariée, depuis, au frère du duc régnant, la première était bien sûre d'exciter dans le pays de Luther d'universelles sympathies; la seconde sut les mériter par sa grâce, ses nobles vertus et la véritable distinction de son esprit. Princesse catholique au milieu d'une cour protestante, elle y conquit tous les cœurs. La maison d'Orléans, en apprenant le succès qu'avait obtenu la reine des Belges au milieu de tous ces princes allemands s'en enorgueillit à juste titre, et la France comme la Belgique furent fières, elles aussi, de ce succès si peu recherché et à la fois si éclatant et si mérité.

A peine arrivée à Cobourg, la reine Victoria alla loger au château de Rosenau où le prince Albert est né. Le paysage qui se dessine des hautes fenêtres gothiques de ce château s'étend jusqu'au vieux manoir de Cobourg, berceau des anciens ducs saxons, aussi remarquable par son histoire que par sa construction qui date du moyen âge. Eclairé par le soleil d'été, l'aspect de cette grande construction féodale engagea les deux reines à la visiter. Accompagnées de leur cour, elles parcoururent le chemin qui mène au château par le Bauzenberg, tantôt à travers de riantes prairies, d'autres fois sous le doux ombrage de la forêt qui offre au voyageur, lorsque des éclaircies de bois le permettent, l'aspect lointain des forêts de la Thuringe. Arrivés aux remparts du château, aujourd'hui convertis en promenades, les augustes visiteurs virent se dérouler sous leurs yeux l'un des plus beaux panoramas que puisse offrir l'Allemagne. Ici ce sont des villages encadrés de jardins, le *Maingrund* avec l'église et le pèlerinage de *Vierzehnheiligen* (quatorze saints) et le *Schloss de Bauz;* là les bourgs de Kallenberg et de Hohenstein, les ruines de Straufhain et les deux Gleichberge, immense jardin que ceignent les cimes bleuâtres de trois chaînes de montagnes : la forêt thuringienne, le Rhoengebirge et le Fichtelwald.

Après avoir longtemps admiré ce ravissant paysage, on entra par le pont-levis dans la cour intérieure du château. Sur l'une des ailes, on voit peint à fresque et dans des dimensions colossales le saint patron du *Schloss*, Saint-Georges, en chevalier, terrassant le dragon. Une autre fresque représente l'entrée à Cobourg du duc Casimir et de sa jeune épouse. Si de la cour on entre dans le château, qui a été restauré avec beaucoup de goût par le père du duc régnant, on arrive au moyen d'un large escalier gothique, à rampe découpée à jour, dans une vaste antichambre dont la vue plonge au fond d'une fosse où deux ours monstrueux prennent leurs ébats; c'était chose ordinaire autrefois dans la plupart des vieux châteaux d'Allemagne.

A droite de l'antichambre, on trouve *la chambre de Luther;* à gauche *la grande salle des chevaliers;* et, certes, elle est la bien nommée, car on aperçoit au fond deux couples de gens à cheval, en vrai costume de tournoi, s'apprêtant à rompre une lance. Les murs sont parsemés de brillantes armures, parmi lesquelles on s'incline devant celle de Bernard de Saxe-Weimar; puis, ce sont des boucliers, des cimiers, des lances, des javelots et des flèches, formant de nombreuses panoplies dans les combinaisons les plus ingénieuses et les plus variées. Au milieu de cette salle, on remarque un véritable monument construit avec des glaives et des épées ayant appartenu à des personnages historiques. Des fléaux, des massues, des hallebardes, datant la plupart de la guerre des Hussites et de la révolte des paysans, occupent les embrasures des fenêtres.

De la salle des chevaliers, on passe dans l'humble salle qu'habita Martin Luther, à l'époque où les protestants arrachèrent l'acte de la Confession d'Augsbourg à l'empereur Charles-Quint. C'est là que Luther acheva sa traduction de la Bible, qu'il écrivit ces nombreuses lettres dans lesquelles il exhorte ses amis à ne pas faiblir dans leurs nouvelles croyances; c'est là qu'il jeta au monde ce chant célèbre de ses coreligionnaires : *Notre Dieu est un puissant boulevard* (Eine feste Burg ist unser Gott). On conserve précieusement dans cette chambre, qu'un protestant ne visite jamais sans émotion, quelques objets de ménage dont Luther fit usage et des autographes de lui qui sont d'un grand prix.

Lorsqu'on arrive au second étage du château, la chambre dite de *corne* s'offre d'abord à la vue; elle est remarquable par ses mosaïques merveilleuses et ses riches ciselures de bois. Puis vient la grand'salle où se trouvent les portraits de Tilly, de Wallenstein, de l'empereur Ferdinand, de Gustave-Adolphe, du duc Bernard de Saxe-Weimar, du duc Casimir ; et enfin une salle de moindre dimension dont les murs offrent les portraits peints à l'huile, de Luther et des autres réformateurs que le protestantisme enfanta, Melanchthon, Bugenhagen, Gaspard d'Aquila, etc. Des vers dans le vieux idiome allemand sont inscrits au-dessus de chacune de ces figures. Nous nous bornerons à donner ici la traduction en prose de ceux qui concernent Luther et sa femme, Catherine de Bora :

Martin Luther, ce grand homme, a merveilleusement compris la Bible, a peu compté sur l'aide des hommes, n'ayant fiance que dans la parole de Dieu. Et toi aussi, Chretien, efforce-toi d'imiter Luther.

Et plus loin :

Catherine de Bora, femme de Luther, a fermement et fidèlement aimé son mari. Comme lui, elle a conjuré Dieu le Seigneur, d'écarter d'eux tout ce qui était mal. Son cœur et son esprit, purs et chrétiens, reposent maintenant dans le sein de Dieu.

Les vitraux de cette chambre, consacrée au grand réformateur et à ses émules, portent ses armes avec cette devise : *Le cœur du chrétien marche sur des roses quand il est sous la Croix.*

Les augustes visiteurs entrèrent ensuite dans *la chambre de Marie*, où ils admirèrent les scènes de l'enfance de Jésus, la fuite en Egypte, la prédication dans le Temple, etc., découpées en relief sur bois d'après des esquisses d'Albert Durer. *La chambre des roses* fixa aussi leur attention. Elle a reçu ce nom des nombreuses rosettes taillées dans le bois au plafond avec une admirable variété dans le dessin et l'exécution. Les portes de bois sont ornées de riches ciselures. Les portraits des anciens princes saxons et de leurs femmes couvrent les murs peints à fresque, et des scènes empruntées à la vie de famille des chevaliers occupent les embrasures des fenêtres dont les vitraux richement coloriés reproduisent les vingt-quatre écussons des différentes provinces saxonnes.

Si de *la chambre des roses* on revient sur ses pas, une galerie de tableaux s'offre à la vue; puis arrive la petite chapelle où
Luther fit souvent retentir sa voix éloquente.

La reine Victoria et la reine des Belges, le roi Léopold et le
prince Albert employèrent plusieurs heures à visiter ce château
magnifique et si précieux pour l'histoire, et un livre richement
relié, dans lequel les deux couples royaux ont inscrit leurs
noms, transmettra à la postérité le témoignage authentique de
leur visite au vieux manoir des ducs saxons.

Le soir du même jour, il y eut spectacle au théâtre ducal.
Richement décorée en style Renaissance et éclairée *a giorno*,
la salle était tapissée de guirlandes et de fleurs. Le public d'élite qui s'y trouvait réuni se leva avec un respectueux
empressement lorsque les deux reines entrèrent dans la salle et
saluèrent l'assemblée. L'air national anglais *God save the Queen*,
joué par l'orchestre, fut chanté avec enthousiasme par le public.
La reine Victoria avait pris place dans un fauteuil au milieu de
la loge du duc régnant ; elle avait à sa gauche la reine des Belges,
à sa droite le roi Léopold placé auprès de la duchesse de Cobourg. Le prince Albert s'assit aussi à côté de la duchesse, sa
belle-sœur, ayant à sa droite la duchesse de Kent. A côté de la
reine des Belges, se trouvait placé le grand-duc de Bade;
puis venait la grande-duchesse de Russie, Anne Fœderowna.
Les places du second plan étaient occupées par le prince de
Linange, les ducs Alexandre et Ernest de Wurtemberg, le comte
de Mensdorff et le prince de Furstenberg. Le duc régnant
s'était aussi placé au second plan entre la reine d'Angleterre et
la reine des Belges. Le duc Ferdinand de Saxe-Cobourg était
assis auprès de lui. On avait donné place dans les loges de côté
à lord Aberdeen et à lord Liverpool, aux ambassadeurs d'Angleterre, de France et de Portugal.

L'opéra des *Huguenots* était presque de circonstance ce soir-
là dans un pays où la Réforme est en si grande vénération. Il

fut exécuté avec une rare perfection par les chanteurs les plus éminents de l'Allemagne. Tichatscheck, premier ténor du théâtre de Dresde, chanta le rôle de *Raoul;* Mlle Tonner, Halbreiter et Oswald furent ravissantes dans *Marguerite de Valois, Valentine* et le rôle du page *Urbain;* Nolden, Reer et Hofer chantèrent *le comte de Nevers, Saint-Bris* et *Marcel.*

Dans les soirées qui suivirent, on joua *la Fiancée de Messine,* de Schiller, et une comédie de Gutzkow.

La présentation solennelle des autorités et des notables du duché eut lieu le soir du 21 dans les salons du palais ducal. La description de ces salons mérite quelques détails. Ce sont d'abord de riches tapis turcs recouvrant les parquets, des tableaux, des livres et des instruments de musique ; nous sommes, comme on le voit, dans le cabinet du jeune duc de Saxe-Cobourg, peintre et à la fois excellent compositeur. Un magnifique gobelin, acheté à Paris par le duc défunt, représente un paysage du tropique ; on dirait un tableau, tant les couleurs ont de la vie et de l'éclat. Un groupe d'Indiens ramassant des fruits occupe le centre de cette riche tapisserie. Les bustes de marbre de la reine Victoria et du prince Albert et une statuette du dernier grand-duc de Bade complètent l'ornementation de cette pièce où la famille ducale aime à se réunir le soir pour faire de la musique et prendre le thé.

Arrivons à la salle du trône où ont lieu les grandes réceptions des ambassadeurs et l'ouverture des Chambres. Le velours rouge à trame d'or décore les murs ; le parquet est en mosaïque de bois, le plafond de stuc richement fouillé. Puis vient la chambre jaune, où l'on donnait autrefois *les thés dansants* et qui clôt la série des appartements situés dans cette aile du château.

La chambre jaune communique à angle droit avec la galerie des tableaux, galerie où les toiles célèbres sont rares, mais qui renferme cependant des Rubens, des Van Dyck, des Rembrandt, des Murillo, des Breughel, des Teniers et des Wouwermans.

La galerie de famille offre les portraits, de grandeur naturelle, des membres encore existants de la famille ducale. On y trouve aussi les figures des princes de la maison de Cobourg récemment décédés. Le feu duc, sa veuve la duchesse Marie, si vénérée à Cobourg, le prince Albert, le roi Léopold, sont là et, à côté d'eux, la charmante tête du jeune prince de Galles, fils de la reine Victoria.

Deux antichambres relient cette galerie à *la salle des Géants*, la plus vaste de toutes les pièces du château et qui prend son nom des cariatides colossales adossées aux murs. Son ornementation dans le style du moyen âge, ses panoplies, ses boucliers formidables, ses lustres immenses lui donnent un aspect imposant. On pourrait la comparer à la grand' salle espagnole du Hradschin, à Prague, ou bien encore à *la salle d'or* de l'Hôtel de ville d'Augsbourg.

C'est dans ces salons d'une si noble magnificence que la présentation solennelle dont nous avons parlé s'accomplit. Le cortége royal parut précédé de deux maréchaux du palais, un bâton doré à la main, du premier chambellan et des hauts dignitaires de la cour du duc régnant, la reine d'Angleterre au bras du duc de Saxe-Cobourg, la reine des Belges conduite par le prince Albert, la duchesse régnante accompagnée du roi Léopold. Arrivées dans *la salle des Géants*, LL. MM. et LL. AA. RR. s'assirent, et les ambassadeurs, les députés, le clergé, la magistrature, les officiers de l'armée et le corps professoral leur furent successivement présentés ainsi que les dames de toutes les familles notables du pays.

Le lendemain vendredi, toute la ville de Cobourg fut sur pied à l'occasion de la fête instituée par le pape Grégoire IV en 828, pour remplacer l'ancienne fête de *la Minerve allemande*, que les princes saxons, récemment convertis au christianisme, continuaient de célébrer. Cette solennité religieuse qui, d'ordinaire, a lieu au commencement du printemps, avait été remise au 21 août, à la prière du prince Albert ; on l'appelle la fête de saint Grégoire, et l'Église l'a consacrée à la jeunesse des écoles. Autrefois, dans toutes les villes saxonnes, les écoliers masqués et travestis parcouraient les rues de la ville, accompagnés de musiciens, quêtant sur leur passage de l'argent ou des vivres et chantant de joyeux refrains. Il ne reste aujourd'hui de cet ancien usage qu'un cortége d'enfants masqués qui reçoivent une somme d'argent du duc régnant et des autorités communales. Le matin de la fête, tous les enfants se réunissent dans leurs écoles ; ils reçoivent là ces brioches dont il est question dans une vieille chanson sur saint Grégoire :

> Le craquelin s'appelle pretiolium,
> Petit prix pour les enfantelets, etc.

Les princes de la maison de Cobourg prirent de tout temps beaucoup de part à cette fête qui, cette année-là, empruntait plus d'éclat encore à la présence des hôtes augustes du duc régnant.

Les enfants réunis dans leurs écoles dès le matin arrivèrent vers deux heures de l'après-midi dans la grande cour du palais, au nombre de quinze cents, les uns masqués, les autres portant les couleurs nationales. Ils entonnèrent aussitôt des chœurs en l'honneur de la famille du duc régnant et des illustres voyageurs qui s'étaient placés au balcon du palais. Ils se diri gèrent ensuite vers une prairie située devant le Ketschentar et offrant une enceinte fermée par des barrières avec des mâts ornés de drapeaux, de guirlandes, de fleurs et de banderoles. L'arrivée de LL. MM. fut saluée par les acclamations des enfants. La reine Victoria avait pris le bras du duc de Saxe-Cobourg, le roi Léopold accompagnait la reine des Belges, le prince Albert donnait le bras à la duchesse de Kent. Le duc régnant ayant retrouvé parmi les professeurs présents le premier maître de son enfance, le fit remarquer au prince

Albert et le présenta à la reine d'Angleterre en lui disant ·
« Voilà, Madame, mon premier professeur ! » '

Les enfants furent aussi présentés à LL. MM. Il s'en trouvait dans le nombre dont les costumes historiques étaient
pleins de fidélité et de fraîcheur. On remarqua beaucoup ceux
qui représentaient Frédéric le grand, l'empereur Napoléon et
la reine Victoria.

Cette fête de la jeunesse se termina avec le jour. Les enfants,
après avoir défilé devant LL. MM. et LL. AA., rentrèrent à
Cobourg, avec leur musique et leurs drapeaux. Le soir, il y eut
grand bal à la cour. *La salle des Géants* étincelait de lumières ;
à huit heures et demie, la reine Victoria parut donnant le bras
au duc régnant; puis venaient la reine Louise et le prince Albert,
la duchesse de Saxe-Cobourg et le roi Léopold, la duchesse de
Kent, le grand-duc de Bade, la grande-duchesse Anne de Russie, la duchesse douairière de Cobourg, le prince Ferdinand de
Cobourg, son fils le prince Léopold, les deux ducs de Wurtemberg, le duc de Saxe-Meiningen, la princesse de Reuss-
Ebersdorf, le prince de Furstenberg, le prince de Hohenlohe-
Langenbourg, le comte de Mensdorff et trois de ses fils, le
prince de Linange, etc. Au milieu du cortége on remarquait
le prince indien Rhaden Salé, appelé à Cobourg *le prince noir*.
Sa figure indienne et son costume aussi riche que pittoresque
attirèrent tous les regards.

Le bal s'ouvrit par une polonaise, la danse de cérémonie des
bals de la cour. Les contredanses suivirent, et l'on vit figurer
dans un quadrille la reine Victoria et la reine des Belges. La
duchesse de Saxe-Cobourg et la comtesse Vitzthum, lady Canning, dame du palais de la reine d'Angleterre, et la comtesse
Van der Straten, dame du palais de la reine des Belges, dan-
saient avec elles. Les cavaliers étaient : le prince Albert; son
frère, le duc régnant; le prince héréditaire de Saxe-Weimar
et le prince de Bade; le prince Ernest de Wurtemberg et le

jeune prince Maximilien de Furstenberg-Donaueschingen. La grâce parfaite de la reine des Belges fut fort remarquée par les étrangers de distinction qui se trouvaient à ce bal.

Tel est le récit exact des fêtes qui marquèrent le séjour en Allemagne de la reine Victoria et de la reine Louise, du roi Léopold et du prince Albert. Tout ce voyage eut beau-coup de retentissement et d'éclat dans le monde politique. La somptueuse hospitalité du roi de Prusse, dès que la reine Victoria eût franchi le Rhin; ces trois chancelleries étrangères qui se trouvaient face à face pour la première fois... Ici lord Aberdeen, là M. le prince de Metternich et, à la suite du roi Frédéric-Guillaume, les hommes d'Etat les plus éminents de la Prusse; tout se réunissait là pour fixer les regards du monde politique. La jeune dynastie belge reçut ce jour-là de l'Allemagne les premiers témoignages de cette sympathie qui, depuis, n'a fait que se fortifier; tous ces princes, ces étrangers de haute distinction, ces ministres d'État, ces diplomates, ces hommes de cour se sentirent charmés par cette grâce entraî-nante qui ralliait à la reine des Belges toutes les opinions et lui conquérait tous les cœurs. Et telle était la modestie de cette princesse qu'elle ignorait encore, à son retour, l'admiration et la sympathie qu'elle avait inspirées dans les cours d'Allemagne.

Bien des préventions disparurent après ce voyage dont l'im-portance pour la Belgique n'échappa point aux hommes politi-ques. La présence de la reine Louise et l'éclat de sa royale auréole, répandu sur le sol étranger, effacèrent les dernières tra-ces de cette froideur que la révolution belge avait causée dans les relations officielles de la cour de Bruxelles avec le gouverne-ment prussien. On fut bien loin à Berlin, depuis ce jour-là, de cette hostilité, de ce mauvais vouloir plus ou moins déguisé que la maison d'Orange s'était attachée à entretenir entre la Prusse et la Belgique de 1830 ; et on peut dire que le roi Léopold trouva dans ce voyage les premiers éléments de cette confiance profonde qu'il a conquise depuis dans les cours étrangères où sa prudence et son habileté sont aujourd'hui prisées si haut.

VII

VOYAGES DE LA REINE DES BELGES EN ANGLETERRE.

Les relations d'amitié que la reine Louise avait nouées avec la reine Victoria, pendant leur voyage en Allemagne, fu rent durables. Rien ne les refroidit depuis ; leur correspondance etait active et sur le pied de la plus affectueuse intimité. Lorsque des difficultés politiques surgirent entre les Tuileries et le cabinet anglais, le roi Louis-Philippe s'en remit, plus d'une fois, à l'intervention officieuse de la reine Louise, sa fille chérie, pendant que le roi Léopold portait dans ces graves affaires le poids de sa haute raison et de sa parfaite équité.

Les bons rapports de la famille d'Orléans avec la maison régnante d'Angleterre étaient, d'ailleurs, de longue date. Depuis le temps du Régent et de lord Stair les dispositions les plus favorables et les plus flatteuses du cabinet anglais étaient acquises aux princes de la branche cadette de Bourbon. La politique inaugurée en juillet 1830 par le roi Louis-Philippe était, de plus, une politique essentiellement favorable à l'alliance anglaise. Il a fallu, on le sait, les mariages espagnols pour que cette alliance fût brisée. Car en 1830, tout semblait s'être réuni pour établir entre l'Angleterre et le nouveau roi, cette entente cordiale, dont on a tant parlé. Louis-Philippe avait longtemps habité ce pays ; il y laissait, lorsqu'il le quitta, les meilleurs souvenirs ; il garda les usages anglais, pour ainsi parler, au milieu de la cour de Louis XVIII et de Charles X ; et, plus tard, l'empressement qu'avait apporté l'Angleterre à reconnaître la royauté de Juillet recommandait cet exemple aux autres puissances signataires comme elle des traités de 1815.... pour Louis-Philippe c'était un grand pas ! Il s'en montra si touché, sa gratitude revêtit de si vives et si cordiales expressions qu'on se persuada tout d'abord à Londres que la diplomatie française allait, à l'aide du nouveau règne, subir le joug des chancelleries britanniques.

On se disait en Angleterre que le roi Louis-Philippe ne se ferait jamais à la pensée de rompre avec le cabinet anglais : « Il n'oubliera pas — ajoutait-on — que, la première, l'Angle-
» terre a reconnu et appuyé son trône édifié sur les pavés
» des barricades, pendant que la Russie se préparait à la guerre
» contre la France de 1830, lorsque la Prusse et l'Autriche, de
» concert avec le cabinet de Saint-Pétersbourg, renouaient
» contre cette France, dont une révolution de plus venait
» remuer le sol, la Sainte-Alliance des dynasties légitimes. »
Enfin on répétait volontiers dans les salons de Londres que les derniers conseils donnés à Louis-Philippe par M. de Talleyrand au lit de mort avaient été ceux-ci : « Le roi dans la situation diffi-
» cile de sa dynastie ne peut et ne doit espérer de bons rap-
» ports avec l'Europe qu'en s'appuyant sur l'alliance anglaise.
» C'est, d'ailleurs, pour Votre Majesté une tradition de fa-
» mille. »
Voilà ce qu'on disait à Londres !

Mais bien que le roi Louis-Philippe ne se fît pas à la pensée de rompre avec l'Angleterre, il voulait que la France fût grande et honorée ; il rêvait pour sa maison toute la splendeur des races royales, et son cœur se complaisait dans le spectacle des alliances dont ses fils et les princesses, ses filles, formeraient.

un jour, le brillant faisceau ; il croyait toutes ces choses com-
patibles avec l'alliance anglaise ; il comptait sur le temps, sur
son habileté consommée, pour que le cabinet anglais fît large
part à la France dans les influences qui domineraient la politique
de l'Europe. Ne laissait-on pas à l'Angleterre la prépondérance
des mers et tout un monde à conquérir encore dans les vastes
régions de l'Inde ?.. Les mariages espagnols furent la consécra-
tion de cette politique toute française, toute nationale. Ils abais-
saient les Pyrénées... il fallut 1848, il fallait une révolution de
plus pour les relever, pour détruire encore une fois l'œuvre que
les Bourbons de l'une et de l'autre branche, en dignes descendants de Louis XIV, ont toujours voulu recommencer, montrant
ainsi au monde que *bon sang ne peut mentir.*

Et c'est en exil, loin de la France, sur le sol anglais, que le
roi Louis-Philippe est mort !

Mais avant de raconter cet exil et les royales douleurs qui
se sont abritées à Claremont, l'Holyrood de la branche cadette,
esquissons rapidement les principales circonstances du voyage
que fit la reine des Belges en Angleterre au mois de juin 1847.
Les rapports de parenté et d'intimité affectueuse que le roi
Léopold entretenait depuis longtemps avec la reine Victoria,
les bonnes relations de cette dernière avec la reine des Belges
rendaient bien naturel ce voyage que, depuis leur commun
séjour en Allemagne, la reine d'Angleterre appelait de ses
vœux.

Le roi Léopold et la reine des Belges débarquèrent à Woolwich dans la journée du 24 juin, accompagnés de la comtesse
Van der Straten, dame d'honneur de la Reine, du major de
Moerkerke, du vicomte de Jonghe, chargé d'affaires de Belgique
à Lisbonne, et du docteur Carswell. La traversée d'Ostende
à Woolwich s'était faite en huit heures sur le bateau à vapeur
le *Garland.*

Une garde d'honneur de la marine royale avait été placée

au débarcadère avec un bataillon de l'artillerie royale qui salua l'arrivée de LL. MM. par le feu de plusieurs pièces de
canon. Lord Byron, chambellan de la reine d'Angleterre, et
lord George Lennox, de service auprès du prince Albert, s'é-
taient rendus à Woolwich. A sept heures un quart du matin,
un drapeau hissé sur la flèche de l'église annonça que le *Garland* se trouvait en vue avec le drapeau belge au grand mât.
Lord Byron et lord George Lennox se rendirent sur le bateau
à vapeur pour prendre les ordres de LL. MM. Ils étaient accompagnés de M. Van de Weyer, ministre de Belgique à Londres, du commodore sir Gordon Bremer, du lieutenant-général
sir Thomas Downman et de plusieurs officiers supérieurs de
la marine et de l'armée de terre anglaises.

Une voiture, aux armes de la reine d'Angleterre, attendait
les augustes voyageurs et les conduisit rapidement à Londres,
où ils logèrent au palais Buckingham. La reine Victoria et le
prince Albert les reçurent à l'entrée du jardin, avec une grande
effusion de cœur. La marquise de Douro, lady Caroline Cockx,
miss Paget, la baronne de Speth, le lord chambellan, le maître
des cérémonies, l'amiral Codrington et lord Alfred Paget accompagnaient la reine Victoria et le prince Albert.

La première visite du roi Léopold et de la reine Louise, après
s'être rendus auprès de la reine d'Angleterre, fut pour la reine
douairière à Marlborough House. Lord Palmerston, secrétaire
d'Etat aux affaires étrangères, et le comte de Sainte-Aulaire,
ambassadeur extraordinaire et ministre plénipotentiaire de
France, s'empressèrent de venir offrir leurs hommages à
LL. MM. qui reçurent aussi, dans la journée, la visite de la
duchesse de Glocester et du duc de Cambridge. Il y eut grande
réception le soir. On y remarquait le 'grand duc héréditaire et
la grande-duchesse de Saxe-Weimar, le prince Edouard de
Saxe-Weimar et S. A. R. le prince Georges, le duc et la duchesse
de Cambridge, le prince de Lowenstein, le prince et la prin-

cesse de Liechtenstein, le comte et la comtesse de Sainte-Aulaire, le comte de Dietrichstein, ambassadeur d'Autriche, et la
comtesse de Dietrichstein, le marquis et la marquise de Westminster, lord Palmerston et la vicomtesse Palmerston, le duc
et la duchesse de Norfolk, etc.

Dans la journée, LL. MM. et le prince Albert étaient allés
visiter la grande exposition des tableaux à Westminster-Hall.
La suite royale se composait de la marquise de Douro, de la
comtesse Van der Straten, dame d'honneur de la reine des
Belges, de miss Paget, de lord Byron, de l'amiral Codrington
et du major de Moerkerke. Le soir, il y eut grand dîner au palais Buckingham. On remarquait, parmi les personnes de
distinction admises à la table de LL. MM., M. Van de Weyer,
ministre de Belgique à Londres, le vicomte de Jonghe, la comtesse Van der Straten, la comtesse de Westmoreland, la comte
de Liverpool, le comte et la comtesse Gray, le comte et la
comtesse Granville, etc.

Le lendemain LL. MM. se promenèrent en calèche découverte avec le prince Alfred et la princesse Alice; lord Paget,
écuyer de service, était à la portière. Le soir, la reine Victoria,
la reine des Belges et le prince Albert, accompagnés du prince
de Galles, de la princesse royale et de la princesse Alice,
honorèrent de leur présence le théâtre royal de Saint-James.

Dans la journée du 26, le roi Léopold avait tenu au palais
Buckingham un grand lever diplomatique. Toute la diplomatie
étrangère était présente. On voyait là M. le comte de Sainte-
Aulaire, ambassadeur de France, le comte Louis de Noailles,
secrétaire, et M. de Rabaudy, chancelier de l'ambassade française; le comte de Dietrichstein, ambassadeur d'Autriche; le
baron de Cetto, ministre de Bavière; le baron de Moncorvo, ministre de Portugal; le comte de Kielmansegge, ministre de
Hanovre; le baron de Hugel, ministre de Wurtemberg; le
chevalier Bunsen, ministre de Prusse, le prince Lowenstein

et le comte Redern, tous deux attachés à la légation prussienne; le commandeur marquis Lisboa, ministre du Brésil, et M. Pixato, attaché à la légation brésilienne; le comte de Reventlow, ministre de Danemark; le ministre péruvien, colonel Sturregui; le prince Callimaki, ministre de la Porte Ottomane; M. Bancroft, ministre des Etats-Unis, et M. Brodhead, secrétaire de légation; le comte Schimmelpenninck, ministre hollandais, et M. Stratenus, conseiller de légation; M. Isturitz, ministre d'Espagne, et le chevalier Pedrorena, secrétaire de la légation espagnole; M. Mora, ministre mexicain, et M. de Lizardi, attaché; le baron de Beust, ministre de Saxe; le comtè Adrien de Revel, chargé d'affaires de Sardaigne; le baron de Rehausen, chargé d'affaires de Suède; M. Koudriaffsky et le baron de Nicolaï, secrétaires de la légation de Russie.

Le corps diplomatique s'était réuni dans la bibliothèque et fut présenté au roi Léopold et à la reine des Belges par M. Van de Weyer, ministre de Belgique à Londres. M. Charles Drouet et M. Octave Delepierre, secrétaires de la légation belge, M. Castellain, consul de Belgique à Londres, le comte de Lalaing et le vicomte de Jonghe étaient présents.

La comtesse de Sainte-Aulaire et la comtesse Dietrichstein furent présentées, dans la même journée, à la reine Louise qui leur fit beaucoup d'accueil.

Le 28, le roi et la reine des Belges donnèrent au palais Buckingham un dîner auquel se trouvaient le duc de Wellington, M. Van de Weyer, le marquis et la marquise de Douglas, le comte et la comtesse de Clarendon, le vicomte Melbourne, lord et lady John Russell, sir Robert Adair, etc.

Pendant le dîner, la musique des *Royal horse guards* exécuta l'introduction de *Marie Stuart*, de Donizetti, et divers morceaux de Handel et de Mendelsohn. Il y eut, le soir, grand concert au palais.

Le roi Léopold et la Reine des Belges restèrent en Angleterre jusqu'au commencement du mois de juillet et recueillirent pendant tout leur séjour à Londres, l'expression des sympathies les plus vives du peuple anglais.

Nous avons raconté ailleurs les douleurs et les appréhensions qui remplirent le palais de Laeken lorsque la reine des Belges et le roi Léopold apprirent que le roi Louis-Philippe, cédant à la pression du mouvement insurrectionnel, persuadé, d'ailleurs, que la régence de M⁽ᵐᵉ⁾ la duchesse d'Orléans allait pourvoir à tout, avait quitté Paris avec sa famille, sans que l'on sût la direction qu'il avait suivie Il y eut alors à Laeken des jours de mortelles alarmes, des moments d'angoisses qui, peut-être, ont marqué cette heure fatale depuis laquelle la santé de la Reine ne pouvait plus que péricliter, où la douleur, l'ayant frappée au cœur, devait la ravir prématurément à la terre.

Et lorsqu'on sut à Laeken que Louis-Philippe et les siens avaient pu gagner l'Angleterre et s'abritaient à Claremont, ancienne résidence du roi Léopold, il fallut que la reine Louise commandât encore à l'élan de son âme. Placée dans une condition obscure, elle eût bientôt franchi les mers pour aller embrasser et consoler son vieux père, pour pleurer avec sa mère bien-aimée sur l'adversité qui les frappait, sur les malheurs de la France ; épouse et mère, mais reine aussi, elle eut à subir les lois de la prudence et de la politique ; sa place était, d'abord, auprès du Roi, son époux ; auprès de ses jeunes fils, espoir de la dynastie belge ; et lorsque la République française prêta la main aux tentatives de Risquons Tout ou bien les toléra, la Reine put, du moins, recueillir autour d'elle les marques de l'affection publique, et tous les Belges se serrèrent autour du trône pour dire à la Reine et au Roi : « Restez avec nous ; point de république ; la royauté constitutionnelle et héréditaire est notre sauve-garde à tous ! »

La Reine ne revit sa famille qu'au commencement d'octobre 1848. Partie d'Ostende le 1er, elle arrivait à Douvres le lendemain à onze heures et demie du matin, à bord d'un paquebot de la marine royale britannique. Ce voyage se fit sans éclat. La Reine était accompagnée de la comtesse d'Hulst, dont le dévouement pour elle s'est retrouvé jusqu'à son lit de mort, du major de Moerkerke et du docteur Rieken. M. Charles Drouet, chargé d'affaires de Belgique à Londres, et M. Lotham, consul belge à Douvres, reçurent la Reine lorsqu'elle débarqua et elle prit immédiatement la route de Claremont.

On comprend tout ce qu'eut de touchant la première entrevue de la Reine avec le roi Louis-Philippe après tant de périls courus, tant d'espérances déçues, de si grands malheurs publics et privés! Les bornes et les convenances que nous avons dû nous imposer ne nous permettent même pas de reproduire ici tous les détails qui s'ébruitèrent alors sur les graves entretiens des hôtes de Claremont. Mais ce que nous pouvons affirmer, c'est qu'il n'y eut pas une seule parole d'amertume et que le bonheur de la France résuma toutes les pensées et tous les vœux.

Dans la journée du 11 octobre, la Reine, accompagnée de Mme la comtesse d'Hulst, alla rendre visite à la reine d'Angleterre qui la reçut avec les marques d'une grande effusion de cœur. Les deux reines se promenèrent en voiture découverte, dans le grand parc de Windsor, et le soir il y eut grand dîner au château. On remarquait au nombre des convives, la duchesse de Kent, la princesse de Hohenlohe-Langenbourg, la princesse Elisa, sa fille, et M. Van de Weyer, ministre de Belgique à Londres.

C'est pendant ce voyage que le roi Louis-Philippe expliqua à la Reine, sa fille, à quelles espérances il s'était rattaché en signant son abdication, au moment de quitter les Tuileries : « J'entendais, disait-il, répéter autour de moi : « Que Bugeaud s'éloigne! que la garde nationale reprenne

» tous les postes ! que les régiments se retirent... nous répon-
» dons de tout ! » J'ai dit alors aux hommes qui parlaient
» de la sorte : — « Vous répondez de tout, je m'en vais ! »
» Qu'ont fait de mieux que moi, MM. Thiers, Odilon Barrot,
» de Rémusat, Duvergier de Hauranne et autres qui étaient les
» garants auprès de moi de l'établissement pacifique de la Ré-
» gence? L'envahissement de la Chambre des députés répondra
» pour moi ! »

Le roi Louis-Philippe expliquait aussi que, dans la situation
où il se trouvait placé, les reproches les plus amers n'eussent
pas manqué de l'atteindre. « Les uns prétendent, disait le
» vieux Roi, que je n'aurais dû écouter ni M. Odilon Barrot,
» ni M. Thiers, et que malgré eux, malgré tout, il fallait *me*
» *défendre*. Me défendre ! avec quoi? avec l'armée? Oh ! je sais
» qu'elle eût fait bravement son devoir et que, malgré les incer-
» titudes de quelques chefs dont j'ai oublié les noms, mes excel-
» lents soldats eussent marché comme un seul homme. Mais
» l'armée seule était prête, et ce n'était pas assez pour moi.

» La garde nationale, cette force sur laquelle j'étais si heu-
» reux de m'appuyer, la garde nationale de Paris, de ma ville
» natale, de cette ville qui a été la marraine de mon petit-fils
» — je l'ai voulu ! — de cette ville qui, la première entre toutes,
» m'avait dit en 1830 : « Prenez la couronne et sauvez-nous de
» la république ! » la garde nationale de Paris, pour laquelle
» j'ai toujours eu tant de bénévolence, ou s'abstenait, ou se
» prononçait contre moi.

» Et je me serais défendu ! Non je ne le pouvais pas ! Et
» quand pas une de ces mains que j'avais tant de fois pressées
» dans les miennes ne se levait en ma faveur, je n'avais qu'un
» parti à prendre : imiter l'exemple de mes ministres qui
» avaient abdiqué, de mes partisans qui avaient abdiqué, de
» la garde nationale qui avait abdiqué, de la conscience publi-
» que qui avait abdiqué elle aussi... J'ai suivi cet exemple,

» mais je l'ai suivi à la dernière extrémité, et mon abdication
» n'est venue qu'après l'abdication universelle. »

Et il disait encore : « Maintenant j'admets que le maréchal
» Bugeaud fût resté à la tête de l'armée. On entame la lutte;
» le peuple la soutient; le sang coule; mais, enfin, après une ré-
» sistance plus ou moins longue, plus ou moins énergique, l'in-
» surrection triomphe! l'armée est décimée; le roi meurt au
» milieu de ses généraux et de ses enfants; la reine et la famille
» royale sont exilées ou tombent entre les mains des vainqueurs.
» Ce que sera leur sort, je ne cherche point à le savoir; mais
» ce que dira la France de la conduite du roi, je le devine, et je
» vais vous l'apprendre :

» Ah! s'écriera-t-elle, c'est l'entêtement de ce vieillard am-
bitieux qui a perdu la monarchie! Que lui demandait-on? de
renoncer à ce pouvoir que le pays ne voulait plus laisser entre
ses mains Il a refusé!

» On lui demandait de descendre du trône et d'y faire monter son petit-fils à sa place! Il a refusé!

» On lui demandait de s'éloigner sain et sauf et de raffermir
par sa retraite la monarchie près de s'écrouler. Il a refusé!

» On lui demandait d'empêcher l'effusion du sang français...
il a refusé!

» On lui demandait de ne pas transformer Paris en un champ
de bataille, de préserver sa ville natale d'une ruine imminente.
Il a refusé!

» Et se cramponnant à ce trône qui chancelait sous ses pieds,
il a dit ·

« Que la ville tombe en ruines, que le sang coule, que mes
amis meurent, que ma famille soit livrée à la colère du peuple,
que la royauté soit à jamais anéantie... tous ces malheurs me
touchent peu si je ne dois plus être roi!

» Dieu l'a puni, Dieu est juste! »

« Voilà ce qu'on aurait dit si j'avais été vaincu!...

» Prétend-on, au contraire, que je pouvais être vainqueur?
» Soit! J'accepte la supposition. L'armée s'est montrée fidèle et
» courageuse, comme toujours. Le canon a tonné. Les barri-
» cades ont disparu. Les insurgés sont en fuite, ou prisonniers,
» ou morts. L'état de siége est proclamé, les conseils de guerre
» s'assemblent. Le trône est debout, je suis encore roi! Ecoutez
» la clameur qui s'élève d'un bout de la France à l'autre :

« Quoi! ce n'était pas assez de juin 1832! Il a fallu encore
que le pavé de Paris fût taché de sang! Il a fallu que des milliers de braves gens périssent! Il va falloir maintenant que des
condamnations soient prononcées, que de pauvres diables
égarés s'en aillent peupler les cachots de Doullens et du Mont
Saint-Michel, que les femmes de ces malheureux n'aient plus
d'époux, que leurs enfants n'aient plus de père!

» Tout cela pour que cet homme égoïste et sanguinaire reste
roi! Mais ne valait-il pas mieux qu'il se retirât, qu'il laissât la
couronne à son petit-fils? La Régence nous eût donné la Réforme;
il ne la donnera pas, lui! La Régence eût appelé l'Opposition
aux affaires, et l'Opposition nous eût apporté la gloire au dehors,
la prospérité au dedans, et tant d'autres bienfaits dont nous de-
vions jouir à son avènement.

« Mais il ne l'a pas voulu, lui, le roi, ce despote intraitable!
Que lui fait le bonheur de la France? Honte et mépris sur ce
mauvais prince! Honneur à qui nous délivrera de ce fléau! »

« Et la désaffection serait allée grandissant et, trois mois après,
» une nouvelle insurrection aurait éclaté. Alors mes meilleurs
» amis seraient venus me dire : « *Ah! si le Roi avait voulu abdi-*
» *quer en Février, comme la France serait calme aujourd'hui!...*
» *Mais le Roi ne l'a pas voulu, maintenant il est trop tard.* »

La Reine fit un nouveau voyage en Angleterre à la fin de
juin 1849. Accompagnée de la comtesse Van der Straten, dame
du palais, et du major de Moerkerke, aide de camp du duc de
Brabant, elle précédait de peu de jours en Angleterre la du-

chesse d'Orléans qui se rendait comme elle à Claremont, voyageant sous le nom de comtesse de Villiers.

Après avoir rendu visite à la reine Victoria, la reine des Belges reçut la duchesse de Kent, la duchesse de Cambridge et la grande-duchesse héréditaire de Mecklembourg-Strélitz, se rendit chez la duchesse de Glocester et dîna chez le marquis de Westminster, dans son hôtel de Grosvenor-Square, avec la reine Victoria et le prince Albert.

La fête que le marquis et la marquise de Westminster donnèrent, le 27 juin, en l'honneur des deux reines, fut extrêmement brillante. Le banquet où elles s'assirent aves le prince Albert était servi avec une somptuosité vraiment royale. Le marquis de Westminster porta trois toasts : à la Reine, à la Reine des Belges et au prince Albert. Ces trois toasts furent accueillis debout par les convives avec les marques d'un grand respect, et lorsqu'on porta celui de la reine des Belges, l'orchestre placé dans une salle voisine entonna l'air de *la Brabançonne*. Ce banquet fut suivi d'un concert auquel prirent part les artistes les plus célèbres parmi ceux qui se trouvaient alors à Londres.

La reine des Belges prit congé le 28 de la reine Victoria et du prince Albert et quitta le palais de Buckingham le jour même où Mme la duchesse d'Orléans arrivait à Londres avec le comte de Paris et le duc de Chartres, accompagnés de M. le duc de Nemours qui était allé jusqu'à Rotterdam au devant de la princesse et des jeunes princes.

La reine des Belges et la duchesse d'Orléans arrivèrent à Lewes le jeudi soir, par un service du chemin de fer du Sud. Le roi Louis-Philippe et la reine Marie-Amélie, Mme la duchesse de Nemours, M. le duc et Mme la duchesse d'Aumale les attendaient à la station. L'entrevue du roi et de la reine Marie-Amélie avec Mme la duchesse d'Orléans et les jeunes princes fut chose touchante. On eut beaucoup de peine à écarter la foule pour leur frayer le chemin de la chambre où Louis-Philippe les attendait.

Mme la duchesse d'Orléans s'avança la première, tenant par la main le comte de Paris, et à peine ce dernier eut-il aperçu la reine Marie-Amélie qu'il courut vers elle en s'écriant : « Ma » bonne maman, je vous revois enfin ! » Louis-Philippe embrassa la duchesse avec beaucoup d'effusion. C'était la première fois qu'il revoyait la veuve de l'aîné de ses fils, de l'héritier de sa maison, depuis le jour fatal où ils s'étaient quittés aux Tuileries le premier pour la terre d'exil, la seconde pour remplir ses devoirs de mère et assurer la couronne à son fils, sans songer au péril qu'elle pouvait courir dans une ville que l'insurrection maîtrisait déjà.

La contenance de la princesse fut pleine de calme au milieu de la foule émue ; mais on voyait sur son visage l'empreinte de cette douleur profonde qu'ont laissée la mort d'un époux tou jours regretté et les malheurs qui, depuis, sont venus frapper sa famille. Louis-Philippe conduisit Mme la duchesse d'Orléans à la voiture ; la reine Marie-Amélie les suivait donnant la main au comte de Paris ; puis venait la reine des Belges avec le jeune duc de Chartres. Ils prirent place avec les autres membres de la famille dans une grande voiture disposée pour eux et qui les conduisit à Saint-Léonard.

Dans les réunions de cette royale famille, le prince et la princesse de Joinville, le duc et la duchesse de Montpensier furent fort regrettés ; les premiers se trouvaient alors à Munich, les seconds en Espagne *.

---

* M. le prince et Mme la princesse de Joinville ne tardèrent pas à rentrer à Claremont. Voici l'extrait d'une lettre publiée à cette époque dans *le Bulletin de Paris :*

« Toute la famille d'Orléans, moins M. le duc et Mme la duchesse de Montpensier, est rassemblée en ce moment à Saint-Léonard auprès du Roi et de la reine Marie-Amélie ; magnifique famille, l'une des plus belles, des plus unies, des plus honorables, des plus patriarchales, et en même temps des plus nobles et des plus princières qui se puissent trouver en Europe. Elle se compose de trente personnes, fils et petits-fils, princes et princesses.

Pendant son séjour à Saint-Léonard, la reine des Belges entretint une correspondance active avec la reine d'Angleterre. Elle alla même plusieurs fois la voir à Londres et, le 11 juillet, accompagnée de la reine Marie-Amélie, elle fit une visite à la duchesse de Kent et déjeuna chez S. A. R. à Clarence-House.

» Le duc de Nemours ne quitte pas son vieux père et l'entoure de tous les soins de la piété filiale.

» La reine des Belges, la duchesse de Saxe-Cobourg, la duchesse d'Aumale, la princesse de Joinville forment autour de la Reine une couronne de grâces et de vertus. Les plus beaux noms de la monarchie et de l'histoire de France se trouvent là réunis : ce sont les noms de Condé, de Chartres, de Paris, d'Aumale, d'Alençon, d'Eu, d'Orléans, de Penthièvre, etc.

» Le prince de Joinville fait des études sur la marine historique et militaire de France; le duc d'Aumale recueille les documents les plus intéressants sur Turenne, et il prépare sur la vie de ce héros national de remarquables travaux.

» Le comte de Paris est un enfant parfait et remarquable surtout par un si grand sens qu'il étonne pour son âge. Son frère, le duc Robert de Chartres, plus vif, plus ardent, décèle l'avenir du génie militaire. Les deux princes reçoivent, sous les yeux de leur mère et de leurs aïeuls, une éducation magnifique de perfection et d'ensemble.

» Quant aux fils du Roi, ils sont tous dévoués à la France ; ils supportent noblement leur exil. Louis-Philippe disait d'eux, il y a quelques jours ; » Mes en- » fants savent qu'ils sont exilés et ils s'y soumettent. Ils seront toujours prêts à » servir la France, mais en obéissant à son vœu et sans jamais le devancer. »

» Voilà, d'ailleurs, toute la pensée politique du Roi et des siens. Il met avant tout, au-dessus de tout, la volonté de la France.

» Il est positif maintenant que le roi Louis-Philippe ne fera pas de testament politique. C'était une invention qui avait eu cours, mais qui était sans réalité, ou plutôt qui était née d'un fait relatif à son testament civil. Il a fallu que le prince changeât les dispositions de ce testament, qui ayant été fait lorsque le regrettable duc d'Orléans était héritier présomptif de la couronne, ne lui accordait pas une portion dans les biens du domaine privé. Aujourd'hui il a fallu restituer aux deux enfants du prince leur part légale, et le testament a dû être modifié ou refait dans ce sens.

» Quant au testament politique, il n'y en a pas. Louis-Philippe a écrit ses mémoires, mais pour n'être publiés que longtemps après sa mort. S'ils le sont jamais, ce sera le plus curieux testament politique qu'il puisse laisser à la postérité.»

La reine des Belges revint d'Angleterre le 15 juillet et ne revit plus sa famille qu'au mois d'avril 1850.

Cette fois encore, la reine des Belges et Mme la duchesse d'Orléans se trouvèrent ensemble auprès du roi Louis-Philippe. Cette dernière venait d'Allemagne avec le comte de Paris et le duc de Chartres et devait trouver le roi et la reine des Belges à Malines. Arrivée dans cette ville, Mme la duchesse d'Orléans demanda si le Roi et la Reine étaient arrivés, et on entendit le comte de Paris dire à sa mère, en lui montrant du doigt un plateau placé près des rails : « C'est là que je suis descendu » avec une échelle, il y a deux ans, lorsque nous venions de » France. » Mme la duchesse d'Orléans fit un signe affirmatif, et de douloureux souvenirs parurent remplir ses pensées.

Cependant, le roi et la reine des Belges ne tardèrent pas à arriver ; les deux princesses s'embrassèrent ; le Roi serra affectueusement la main à sa belle-sœur ; puis on partit pour Termonde ; le Roi reprit alors le chemin de Laeken pendant que les deux princesses et les jeunes princes allaient s'embarquer à Ostende pour l'Angleterre, sur le bateau à vapeur royal *Vivid*, capitaine Smithett. La comtesse Van der Straten, Mme la baronne de Vich, le major de Moerkerke et le docteur Rieken accompagnaient la reine des Belges et Mme la duchesse d'Orléans.

Les deux princesses furent reçues à Douvres par M. Van de Weyer, ministre de Belgique à Londres, accompagné de Mme Van de Weyer et de M. Drouet, conseiller de la légation belge.

Après le débarquement, la reine des Belges et Mme la duchesse d'Orléans se rendirent à la station du *South Eastern Railway,* où un convoi spécial les attendait pour les conduire par Reigate à Guilford et jusqu'à la station d'Esher où s'étaient rendus le roi Louis-Philippe et la reine Marie-Amélie, le duc, la duchesse de Nemours et le duc d'Aumale. La royale famille vint de là à Claremont et, bientôt après, la reine des

Belges se rendit de Claremont au palais de Buckingham pour voir la reine Victoria. Elle retourna le soir à Claremont après avoir rendu visite à la duchesse de Kent.

La réunion de toute la famille royale à Claremont devint alors l'occasion de correspondances nombreuses sur le conti nent et quelques-unes furent publiées par les journaux. Parmi les plus remarquables, nous citerons celles qui parurent dans le journal *l'Univers* et dont voici quelques extraits ·

« Toute la famille déchue est réunie en ce moment. Mme la duchesse d'Orléans a amené ses enfants à Claremont pour que le comte de Paris, qui va faire sa première communion, y fût préparé sous les yeux de sa grand'mère. En même temps que les leçons nécessaires, le jeune prince reçoit de sa pieuse aïeule et de toute sa famille paternelle les exemples les plus capables de lui faire comprendre et aimer la religion.

» Après de longues et difficiles négociations, Marie-Amélie a pu enfin obtenir du gouvernement anglais la faveur de faire cé-lébrer le saint-sacrifice dans le château royal de Claremont. La messe est dite tous les jours, et chaque jour la famille entière y assiste. J'ai vu s'incliner devant l'autel tous ces fronts qui ont perdu la couronne. C'est une grande scène, je ne l'oublierai ja-mais. Entendre la messe est le principal signe, la principale ga-rantie morale que donnent à la société la monarchie constitution-nelle exilée à Claremont, la République modérée régnant à Pa-ris, la monarchie pure, disponible à Frohsdorf. En dehors de ces trois grandes fractions qui entendent la messe, que reste-t-il en France? Par qui voudraient être gouvernés ce qui nous reste de voltairiens conservateurs?

» Les lois de l'Eglise, si largement accomplies à Claremont quant au culte, y sont observées sur tous les autres points. Le médecin seul en dispense, et la table de Louis-Philippe, sobre comme celle d'un bourgeois, est orthodoxe comme celle d'un curé. Cette régularité est l'ouvrage de la reine Marie-Amélie;

elle jouit délicieusement de la docilité avec laquelle s'y sont soumis son mari et ses fils. Cette vénérable princesse est vraiment une chrétienne. Elle aime Dieu de toute l'ardeur dont il sait remplir les cœurs qu'il éprouve. Lorsqu'elle prie dans cette chapelle accordée par grâce à ses importunités, n'ayant plus rien autour d'elle de toutes les pompes royales, mais ayant là, près de Dieu, son mari et ses enfants, qui, jadis, n'y étaient pas, tenez pour certain, que si elle se souvient d'avoir été reine, elle est plus heureuse de ce qu'elle a gagné, qu'affligée de ce qu'elle a perdu.

» La politique de Claremont n'est pas moins chrétienne que tout le reste. L'histoire nous montre la cour des princes exilés pleine d'agitations et de rumeurs ; on y forme mille intrigues, on y prépare mille entreprises. Rien de tel ici, et c'est un autre trait de ressemblance entre Claremont et Frohsdorf.

» On pourrait en conclure que le sentiment monarchique s'éteint à ce point même que les princes le sentent ; mais je crois que des princes qui voudraient conspirer trouveraient vite assez d'hommes à projets et des gens de bonne volonté pour animer leur exil. A Claremont ni à Frohsdorf on ne voit point de conspirateurs, parce qu'ils n'y seraient pas reçus. A défaut même de principes, on les écarterait par l'habileté. A quoi bon des conspirations ? Les mieux ourdies ne vaudraient pas le simple jeu des constitutions républicaines.

» On ne fait à Claremont que de la politique rétrospective et spéculative. Le Roi parle volontiers des choses de son règne, depuis le premier jusqu'au dernier jour. Il proteste avec force contre l'accusation d'avoir préparé ou seulement désiré les événements qui l'ont mis sur le trône. Son langage, à ce sujet, confirme le curieux document que le duc de Valmy a publié récemment dans un écrit si remarquable et si patriotique. « La couronne, dit-il, avait roulé dans la rue ; je l'ai retirée du milieu des pavés et je l'ai placée sur ma tête. C'était le seul moyen de la conserver à la maison de Bourbon et de conserver à la France le gouvernement monarchique. Une Régence n'était pas possible; elle ne l'était pas surtout pour moi. En admettant que j'eusse pu conjurer les efforts réunis du parti républicain et de l'ancienne cour, à qui j'aurais dû laisser beaucoup de positions influentes, savais-je si le duc de Bordeaux vivrait, et pouvais-je exposer mon nom aux calomnies qu'eût soulevées sa mort? Je n'avais de choix qu'entre le trône et l'exil. Je ne sais si mon exil, à peine volontaire, eût été jugé bien chevaleresque ; mais le jour où j'aurais disparu, arrachant par la fuite ma vie aux factions, et mon nom aux pamphlets, ce jour-là aussi j'aurais arraché de la France la maison de Bourbon et la monarchie. Je livrais le pays à la République, la République à l'Etranger ; et la maison de Bourbon, ce dernier rempart au bord d'un abîme insonda ble, ne pouvait revenir, dans l'hypothèse la plus heureuse, qu'à la suite des chevaux de l'ennemi. Je fus roi dix-huit ans : dix-huit ans j'ai combattu la Révolution, me sentant débordé toujours. Ma défaite n'a surpris personne moins que moi. Qu'on juge du temps qu'aurait pu tenir une régence ! Les dix-huit an- nées de mon règne ont été des années de paix et de prospérité ; j'ai fait avorter beaucoup d'idées coupables ; j'ai relevé beaucoup de ruines ; je n'ai point laissé de représailles à exercer à per- sonne contre personne. J'ignore si quelque autre eût pu davan- tage ; j'ai fait ce que j'ai pu. »

C'est pendant ce voyage que le roi Louis-Philippe et sa famille furent subitement atteints d'un mal inconnu qui mit leurs jours en danger. Après en avoir longtemps recherché les causes et le caractère, on finit par reconnaître que l'eau potable n'avait plus les conditions d'hygiène voulues, par suite du mauvais état des conduits qui alimentent d'eau le château de Claremont. Louis-Philippe et les siens se rendirent alors à Saint-Léonard sur mer.

C'est là que M. Thiers vint voir la famille d'Orléans et qu'il revit Louis-Philippe dont la fin approchait. Ce prince ne cédait pas à un mal organique, mais à un affaiblissement progressif, à cette langueur des vieillards dont Louis XIV était mort. Saint-Simon raconte que le grand roi, revenant de la chasse et encore plein de vie, en apparence, fut pris tout à coup d'un affaiblissement qui devint tel que toutes les forces physiques disparurent et que l'art ne put rien contre lui. Louis XIV, aux portes du tombeau, gardait toute la lucidité de sa raison ; Louis-Philippe, près de quitter la vie, montrait encore cette intelligence supérieure qui l'avait toujours guidé ; peu de temps avant sa mort, ce prince écrivait à M. le comte de Montalivet des lettres dont l'écriture n'avait plus la fermeté des anciens jours ; mais on y retrouvait cette rectitude de pensées, cette force de logique, cette élévation dans les aperçus, cette extrême clarté dont la correspondance du chef de la maison d'Orléans fut toujours un modèle.

Les entretiens de M. Thiers avec le roi Louis Philippe portèrent, surtout, sur les malheurs de la France, sur les périls d'une situation dont nul n'osait même entrevoir l'issue. On dit que, dans le cours de la conversation, Louis-Philippe fit bien des efforts pour amener l'ancien premier-ministre à la pensée d'une fusion entre les deux branches de la maison de Bourbon. M. Thiers ne se prononça pas ; il était bien d'avis que cette fusion rêvée serait le salut de la France ; mais il objectait que, par l'effet de croyances plus ou moins enracinées dans l'opinion, le pays se montrerait peu favorable au rapprochement espéré. M. Thiers aurait pu ajouter qu'ayant toujours encouragé les espérances de Mme la duchesse d'Orléans, il ne pouvait abandonner sa cause avant que la France se prononçât sur la question. Jusqu'alors il se croyait tenu de rester sur la réserve et de pratiquer la plus complète neutralité dans la question de la fusion des deux branches.

On parla des mariages espagnols et le vieux roi ne manqua pas de rappeler à M. Thiers toutes les considérations que

M. Guizot et lui avaient fait valoir pour présenter ces mariages comme l'œuvre d'une diplomatie habile et qui avait l'intelligence des intérêts et de la grandeur de la France. Louis-Philippe s'étendit beaucoup sur ce sujet qui a offert deux aspects bien distincts, car si, d'un côté, la grande politique de Louis XIV ressaisissait là ses traditions, la haine invétérée de l'Angleterre y trouvait aussi un aliment de plus, et il fut tel qu'il précipita, peut-être, la crise de Février et qu'il aida, plus qu'on n'a cru, à donner à une émotion populaire les proportions et toute la responsabilité d'une révolution politique et sociale.

Ces mariages espagnols, qui ont joué un si grand rôle dans les événements des dernières années du règne de Louis-Philippe, ont été bien diversement jugés. Il y avait trois partis à prendre. Le premier faisait roi le fils de don Carlos; le second appelait au trône un prince de Saxe-Cobourg; le troisième parti était celui qui prévalut.

La pensée de marier la reine Isabelle avec le comte de Montemolin, fils de don Carlos, était rationnelle et découlait d'une politique à la fois conciliante et hardie. Par là on restait dispensé de se débattre plus longtemps sur la question des principes pour laquelle la guerre civile avait éclaté ; on tournait cette question, pour ainsi dire, puisqu'il n'était donné à personne de la vider; car la reine Isabelle ne pouvait raisonnablement reconnaître les droits à la couronne du comte de Montemolin, et celui-ci, ne devenant pas l'époux de la reine, devait garder le rôle qu'il a encore ; mais il ne se fût pas humilié en partageant le trône, et l'abdication de don Carlos eût été le gage de ce pacte de famille.

Cette combinaison avait encore d'autres avantages; elle n'éveillait ni la jalousie de l'Angleterre, ni celle de la France ; l'Europe entière aurait applaudi à cette œuvre de conciliation, et l'Espagne l'eût vue de grand cœur, car ce n'était pas un prince étranger qui partageait le trône avec la reine Isabelle.

La susceptibilité espagnole se fût sentie satisfaite ; c'était beaucoup pour la paix et l'avenir du pays.

Mais Louis-Philippe se montra contraire au comte de Montemolin et cette combinaison n'aboutit pas. L'ambition qu'il nourrissait pour ses enfants, les traditions de la maison d'Orléans, lui conseillèrent à la fois de demander la main de l'infante pour M. le duc de Montpensier. Il eut dû comprendre, pourtant, que la combinaison qu'il repoussait était bien celle qui entraînerait le moins d'embarras, tout en maintenant le trône dans la maison de Bourbon. Mais les grandes difficultés n'ont jamais effrayé les grandes intelligences. Elles semblent même constituer pour les hommes d'élite un aliment indispensable et que leur activité, quelquefois leur audace, recherche avidement. Et puis le roi de Juillet n'entendait pas se prêter à replacer un *héritier légitime* sur le trône d'Espagne. Ce rapprochement contemporain eût effarouché sa politique, préoccupé sa conscience ; l'opinion libérale, un peu révolutionnaire même, sur laquelle il aimait à s'appuyer, pouvait voir là une inconséquence, peut-être même une lâcheté... Louis-Philippe se refusa donc à toute combinaison autre que celle qu'il s'attachait à faire prévaloir.

Car il y avait un troisième projet, et celui-là il fallait l'empêcher à tout prix. La France se fût attristée en voyant sur le trône d'Espagne un prince de Saxe-Cobourg marié à la reine Isabelle par la main de l'Angleterre ; le cabinet britannique eût fait reparaître avec lui cette politique envahissante à laquelle Espartero avait donné son appui et qui pouvait, tôt ou tard, conduire à placer l'Espagne dans des conditions de vassalité commerciale et industrielle dont le Portugal fournit aujourd'hui l'exemple.

Dans tout ce qui eut trait au projet de marier Isabelle avec le jeune prince de Saxe-Cobourg, le roi des Belges garda une neutralité parfaite, telle que la commandait sa position d'oncle de ce

prince et de gendre du roi Louis-Philippe. On se souvient même
que le prince de Saxe-Cobourg refusa de se poser comme can-
didat dans les débats diplomatiques dont cette grave affaire fut
l'occasion. Cette réserve, pleine de dignité, fut fort remarquée
et toutes les chancelleries y applaudirent.

M. Thiers quitta l'Angleterre vers le milieu du mois de
juin. Il ne devait plus revoir le vieux roi. M. Guizot, M. le
duc de Broglie, M. Duchâtel, M. Dumon, anciens ministres ;
M le duc de Montmorency, M. de Montalivet, M. de Monte-
bello et beaucoup d'autres personnes attachées à la maison d'Orléans vinrent successivement à Saint-Léonard ou à Richmond ;
les généraux autrefois attachés à la maison de Louis-Philippe
vinrent aussi saluer le roi qu'ils avaient servi et aimé dans sa
bonne fortune et qu'ils n'abandonnaient pas dans l'adversité.

Le reine des Belges, rappelée par le roi Léopold, fit ses
derniers adieux au roi Louis-Philippe dans la journée du
18 juin. La santé de ce prince paraissait se rétablir ; tout dan
ger semblait avoir disparu ; et bien que la vieillesse et les
chagrins dussent hâter sa fin, rien ne semblait encore présager
qu'à deux mois de distance la maison d'Orléans aurait perdu
son chef et la France un de ses meilleurs rois.

Les adieux de la reine des Belges émurent jusqu'aux larmes
le roi, son père ; en l'embrassant pour la dernière fois il eut
comme un pressentiment qu'il ne la verrait plus ! Il ne se
trompait point, mais il ne devinait pas que sa fille bien aimée
dût, si tôt après lui, le suivre au tombeau. Quand la faux de
la mort est entrée dans une maison, souvent elle y multiplie
ses coups, avant de mettre un terme à ses rigueurs.

Louis-Philippe est mort à Richmond dans la matinée du
26 août 1850. Le samedi 24, il s'était trouvé assez bien pour
faire en voiture une promenade dans les jardins de Richmond
et pour dîner avec sa famille. La crise suprême ne se déclara
que dans l'après-midi du dimanche.

DERNIERS ADIEUX

DU ROI LOUIS PHILIPPE ET DE LA REINE DES BELGES

Averti de la gravité de son état, le roi reçut cette communi-
cation avec calme et fit ses dernières dispositions. Après un
assez long entretien avec la reine Marie-Amélie, il dicta, avec
une remarquable clarté d'esprit, une sorte de conclusion des
mémoires auxquels il travaillait depuis long-temps. Il demanda
ensuite son chapelain. L'abbé Guelle s'approcha aussitôt de
l'illustre malade et le Roi, dominant l'émotion des siens, accomplit avec calme ses derniers devoirs religieux, apportant dans
ce dernier acte de sa vie une résignation et une simplicité vraiment chrétiennes. « C'est en cela — disait le journal anglais le
« Standard en racontant la mort de Louis-Philippe — qu'on
» retrouve la preuve évidente de la véritable grandeur hu-
» maine. »

Vers sept heures du soir, la faiblesse de l'auguste malade
semblait disparaître; mais la fièvre s'empara de lui et ne le
quitta plus de la nuit. Il expira enfin dans les bras de la Reine,
de la compagne de sa vie.

La nouvelle de cette mort se répandit rapidement dans toute
l'Angleterre et sur le continent. L'émotion fut générale et à
quelque opinion qu'on appartînt, quelque parti qu'on servît, on
se dit que l'homme qui venait de mourir serait grand dans l'histoire; la conscience de ceux-là même qui l'avaient combattu
murmura qu'il avait beaucoup fait pour la France et pour la
paix de l'Europe.

La révolution de Février a tué Louis-Philippe*et il est permis

Paris, 18 juin 1850.

* On ignore sans doute la véritable cause de la maladie de S. M. Louis-Philippe.
Je suis en mesure de vous l'indiquer. C'est peut-être un fait physiologique sans
exemple; et si je ne pouvais vous en garantir l'exactitude je me garderais bien
de m'aventurer a vous le dire, tant il est invraisemblable et inattendu. C'est
Chenu et Delahodde qui sont les causes de la prostration dans laquelle est tombe
le vieux Roi, et que la force de sa constitution ne devait pas faire craindre de si
tôt, malgré son grand âge. En effet, quand les révélations Chenu et Delahodde
ont montre a Louis-Philippe quelle était la poignée d'hommes contre laquelle

de penser que, sans cette catastrophe qu'il ne pouvait ou ne sut pas prévoir, de longs jours encore lui eussent été réservés. Depuis son exil, ses forces physiques allèrent chaque jour s'affaiblissant ; le moral les avait pour toujours frappées d'impuissance ! Si la garde nationale de Paris l'eût voulu, ce prince serait encore aux Tuileries, plein de vie, avec cet esprit merveilleux, cette verve inépuisable, qui imposaient à M Thiers un silence facile, faisaient naître l'admiration chez M. Guizot, qui avaient fini par commander le respect et la sympathie de l'Europe entière.

Si Louis-Philippe marqua son règne par de fausses mesures, par des fautes irréparables, certes, ce que nous avons vu, après lui, peut aider à le justifier. Non jamais, à aucune époque de l'histoire, prince ne fut plus misérablement remplacé. Qu'avons-nous eu, en France, après le départ de Louis-Philippe et de sa royale famille? M. Marrast étalant plus d'insolence et de luxe princier que les descendants de Louis XIV n'en eurent jamais! Là où M\ :superscript: la duchesse d'Orléans s'était assise, M\ :superscript: Flocon venait prendre place. M. de Lamartine ne prétendait-il pas en-

étaient venus se briser ses efforts de dix-huit années ; quels condottieri l'avaient tenu en échec et vaincu ; quelle misérable quantité d'adversaires il avait devant lui, combien ces guérillas devant lesquelles s'est retirée la royauté avaient peu de consistance ; — quand il a vu, disons le mot que j'emprunte à ses propres étonnements, quand il a vu quels étaient *les gredins* qui l'avaient surpris en Février, il en a éprouvé une douleur inexprimable. — Les sanglantes affaires de Juin l'avalent presque fait se féliciter de n'avoir pas dû une victoire au même prix que le général Cavaignac ; mais ces mémoires l'éclairant soudain d'une subite lumière le confondirent. Il fut humilié, il souffrit dans l'orgueil de son esprit plus que la perte d'un trône ne l'avait jusque-là meurtri dans sa conscience de roi. Il en résulta chez lui une réaction morale violente ; il ne put se soustraire au regret douloureux de n'avoir pas comprimé impitoyablement ces bandes souterraines d'émeutiers dont la police soudoyait l'état-major en grande partie, et qu'elle connaissait nécessairement si bien ; et c'est aux vives émotions qu'il a éprouvées, aux amers reproches qu'il s'est adressés à lui-même, c'est, en un mot, à un éclaircissement rétrospectif que ses nerfs se sont heurtés et que, depuis cette époque, il est tombé dans la situation qui cause de si profondes inquiétudes à sa famille.

chaîner la Révolution et préserver le pays de ses excès, comme Louis-Philippe l'avait fait jadis? qu'a fait M. de Lamartine? Des déceptions, des misères poignantes, des ruines, plusieurs milliards perdus pour la fortune privée ou publique du pays peuvent seuls répondre pour lui !

Quand Louis-Philippe prit les rênes du pouvoir, tout en France était à reconstituer; les fonds publics se cotaient à des taux désastreux; les Saint-Simoniens, les prétentions républicaines, la révolution belge, l'intervention pour la Pologne, tout était un danger, tout demandait à être contenu ou réprimé; et pourtant il fallait faire de la popularité, ne pas mettre en oubli que la couronne de Juillet avait été trouvée au milieu des pavés sanglants des barricades; et n'importait-il pas, en même temps, de faire accepter par l'Europe du Congrès de Vienne cette révolution de 1830 contre laquelle la Russie, l'Autriche, la Prusse, Naples, l'Espagne, le Saint-Siége et la Hollande protestaient à la fois?

Louis-Philippe pourvut à tout cela. Naples, qui s'était déclaré contre sa politique, donnait plus tard une de ses filles en mariage au duc d'Aumale; l'Espagne abaissait presque les Pyrénées pour envoyer la fleur de ses infantes à un prince de la maison d'Orléans; Pie IX, fuyant le Vatican ensanglanté, a regretté, depuis, de n'avoir pas suivi les conseils du roi Louis-Philippe; la Prusse était au mieux avec le gouvernement de ce prince quand Février arriva, et M de Humboldt y avait merveilleusement travaillé à Berlin; le cabinet de Saint-Pétersbourg, à défaut de sympathie pour le chef de la maison d'Orléans, traitait, du moins, sérieusement avec lui et connaissait sa haute valeur; et quant à l'Autriche, qu'on nous dise si M. de Metternich, au fond de sa retraite de Bruxelles, n'aura pas courbé la tête en apprenant cette mort, cette fin d'un prince que l'Autriche hésita si longtemps à bien traiter et qui, la veille de Février, tenait la paix de l'Europe dans sa main!..

Oui, Louis-Philippe sera grand dans l'histoire, grand par ce qu'il fit, et grand, surtout, par ce qui s'est fait après lui.

Terre de France, que le socialisme ronge et qu'il finira peut-être par dévorer, où tout est désordre et confusion : pays de Hongrie et toi, belle Italie, que la guerre civile et le canon des batailles ont désolés depuis que l'exil conduisit à Claremont le roi Louis-Philippe ; villes de Vienne, de Berlin, de Francfort, qui avez vu les balles impies frapper des compatriotes, des frères, combattant dans des rangs contraires ; n'oubliez jamais que tous ces maux vous sont venus de Février 1848, de l'irré solution de la garde nationale de Paris, d'un banquet réfor miste, de moins que cela peut-être : d'un quart d'heure de re tard dans les ordres donnés au maréchal Bugeaud !... Et combien de si chétives causes et de si grands résultats, · combien cette mort d'un prince, dont la dynastie était naguère entourée de tant d'espérances, sont faits pour répandre le sombre voile du néant sur les projets et les folles espérances qui bercent le monde !

MADAME LA DUCHESSE D'ORLÉANS

AU 24 FÉVRIER.

(SOUVENIR RETROSPECTIF.)

Le roi Louis-Philippe avait passé sa dernière revue; il était rentré
aux Tuileries. Pendant qu'il conférait dans son cabinet avec quelques hommes politiques, la Reine et les princesses, renfermées dans
une pièce voisine, attendaient... avec quelle anxiété! on peut le
deviner aisément. Une des personnes de la maison de Mme la du
chesse d'Orléans, s'étant approchée d'elle, lui demanda avec inquiétude : « Que fait-on? Que fait madame?» Elle répondit: « Je ne
sais pas ce qu'on fait, je sais seulement que ma place est auprès du
Roi. Je ne dois pas le quitter, je ne le quitterai pas. » Tout à coup
la porte s'ouvrit, le Roi parut et s'écria d'une voix forte : « J'ab-
dique!... » A ces mots, la Reine, Mme la duchesse d'Orléans, toutes
les princesses, s'élancèrent au-devant de lui et le conjurèrent, en
versant de larmes, de ne pas abdiquer; sa belle-fille se jeta presque
à ses pieds, pressant sa main avec un tendre et douloureux respect.
Le Roi ne répondit rien et rentra dans son cabinet. Les princesses
l'y suivirent. Tandis que Louis-Philippe, pressé de toutes parts,
signait son abdication, non pas avec les hésitations misérables, les
tergiversations pusillanimes que lui prête un récit sans autorité et
sans vraisemblance, mais avec une ferme et impertubable lenteur,
la Reine et la princesse royale se tenaient par la main, en silence,
à l'autre extrémité de la table. A la vue de la signature fatale,
lorsque tout fut irrévocablement accompli, elles se jetèrent en pleu-
rant par un mouvement spontané dans les bras l'une de l'autre. Où
placer dans une pareille scène un mot malveillant et dur, une expression amère, un reproche même irréfléchi? Quel ressentiment
injuste pouvait se faire jour dans un tel moment? Quoi qu'on en
dise, il n'y eut de paroles que pour la tendresse et pour la douleur.

14

Le Roi et la Reine embrassèrent leur belle-fille. Quelques hommes politiques lui parlèrent alors de la nécessité absolue où elle se trouvait de prendre la régence. Elle s'écria : « C'est impossible! Je ne puis porter un tel fardeau ; il est au-dessus de mes forces. » Elle insista encore auprès du roi pour le conjurer de revenir sur son abdication ; mais le bruit en était déjà répandu dans la garde nationale et dans l'armée.

On répéta à Mme la duchesse d'Orléans que la régence était le moyen unique de salut pour la dynastie. Elle combattit cette opinion en peu de paroles, très-rapidement, comme tout ce qui se dit et se fit alors. Les gens considérables dont elle était entourée la pressaient d'accepter. Elle leur répliqua par ces mots déjà cité ailleurs : « Oter la couronne au Roi, ce n'est point la donner à mon fils. » Mais enfin il fallut se résoudre et céder. Le Roi, la Reine, étaient partis. Rentré au pavillon Marsan, dans son appartement, la princesse en fit ouvrir toutes les portes. Quelques relations, très-bienveillantes d'ailleurs, ont prêté à cette scène une pompe déclamatoire, une sorte d'apprêt théâtral qui n'est point dans le caractère de Mme la duchesse d'Orléans, et qui surtout n'était pas dans sa pensée en ce moment.

Ce qu'elle fit alors, elle le fit noblement, dignement, simplement surtout. L'enthousiasme n'était pas le mobile unique qui la dirigeait ; ce n'était pas même le motif principal de sa résolution. Sans doute elle admettait la chance d'un grand sacrifice, elle se sentait résolue à périr, s'il le fallait ; mais elle ne rejetait pas la possibilité de se faire entendre à une population désabusée et calmée : elle croyait encore pouvoir être utile à la France, à sa famille, à son fils, en traitant à des conditions honorables. Debout avec ses enfants au pied du portrait de leur père, entourée des personnes de sa maison, de quelques officiers de marine, de quelques membres de la chambre des députés, accompagnée d'une de ses dames restée inséparable de sa destinée, elle était prête à tout, lorsqu'une personne envoyée par M. le duc de Nemours vint l'avertir, de la part du prince, de se rendre en toute hâte, par le pavillon de l'Horloge et par le jardin, au Pont-Tournant, surtout de ne pas perdre un instant pour quitter les Tuileries. La princesse se mit aussitôt en marche. A l'entrée du pavillon Marsan, elle trouva M. le duc de Nemours à cheval. Le prince se plaça auprès de sa belle-sœur pour la couvrir de son corps et la garantir des coups de fusil qu'on tirait de la place du Carrousel dans la cour des Tuileries, qui n'était pas encore envahie, mais au moment de l'être. Sous les yeux mêmes de Mme la duchesse d'Orléans, les insurgés avaient renversé et massacré un piqueur sortant à cheval des écuries du Roi. Cet homme était tombé contre la grille, déjà violemment ébranlée et près de céder à l'effort des assaillants. Ceux-ci, repliés sous le guichet du Carrousel, marchaient droit sur le château, qu'ils n'avaient osé attaquer plus tôt dans la crainte d'y trouver de la résistance Plus enhardis maintenant, ils allaient forcer la grille, même plusieurs d'entre eux avaient pénétré dans la cour.

Ce fut dans cet intervalle de quelques minutes seulement que Mme la duchesse d'Orléans put gagner le jardin des Tuileries par le pavillon de l'Horloge ; elle n'y réussit qu'en pressant le pas le long des murs. Elle tenait M. le comte de Paris par la main ; derrière elle, on portait le petit duc de Chartres, malade, grelottant de la fièvre et enveloppé de manteaux. Ils traversèrent le jardin au milieu d'une foule tumultueuse, qui cependant n'avait rien d'hostile. On criait : *Vive la duchesse d'Orléans ! Vive le comte de Paris !* Les soldats placés dans l'intérieur présentaient les armes ; on battait au champ, derniers honneurs rendus à la royauté. Ce fut ainsi que la princesse arriva au Pont-Tournant ; mais elle n'y trouva ni les personnes ni les voitures qu'on lui avait annoncées. Elle ne put se concerter avec M. le duc de Nemours, resté à l'arrière-garde pour donner des ordres. Ne se trouvant plus à la portée de son beau-frère, entraînée par les conseils de quelques-uns des hommes politiques qui l'avaient suivie, elle se dirigea sur la Chambre des députés.

Tout en rendant justice à son courage dans ce moment décisif, on a quelquefois blâmé la résolution qu'elle prit alors. « Il fallait, disait-on, tourner du côté opposé, marcher droit sur les boulevards, se faire voir et montrer ses enfants au peuple. Ainsi avait agi autre-

fois Marie-Thérèse. Son fils dans les bras, elle avait entraîné la nation hongroise tout entière. *Vive le roi Marie-Thérèse!* avaient crié les Magyars; *Vive la régente Hélène!* auraient crié les Français. » En vérité, c'est étrangement méconnaître les lieux et les temps. Quel effet aurait pu produire la nouvelle régente sur ce peuple en révolution, sur cette armée si profondément découragée, qui avait reçu l'ordre de mettre la crosse en l'air? La troupe lui aurait répondu par le silence, l'émeute par des coups de fusil. Sans doute, elle n'aurait point pâli devant la mort; mais à quoi aurait servi ce sacrifice, si ce n'est à rendre la révolte plus indomptable et la révolution plus assurée? Et d'ailleurs aurait-elle seulement été aperçue de tout ce peuple? Le succès des grands événements tient souvent à de bien faibles mobiles. Le costume semble une chose bien frivole ; l'éclat extérieur est cependant nécessaire dans ces occasions tumultueuses, et lorsque le prestige en est détruit, comme il l'est désormais parmi nous, c'est une arme de plus brisée dans les mains de la monarchie. Marie-Thérèse portait le vêtement national : un blanc panache flottait sur sa tête, la pourpre et l'hermine couvraient ses épaules, un sabre résonnait à sa ceinture. Aujourd'hui tout cet attirail serait renvoyé sur les planches d'un théâtre; il ne pourrait produire aucun effet, ou plutôt il produirait un effet contraire à l'enthousiasme.

Et pourtant, comment dominer la foule, comment s'en faire apercevoir dans le costume de tous les jours et de tout le monde, sans marque distinctive, sans insignes particuliers, sans parler aux yeux par un moyen quelconque? En se rendant sur les boulevards et dans les rues, Mme la duchesse d'Orléans ne pouvait que s'y faire tuer pour rien, ce qui convenait à son courage, mais répugnait à sa raison. En allant droit à la Chambre, la princesse rendait hommage au principe qui faisait l'essence, l'honneur de sa dynastie et de son parti. A défaut de la légitimité, la royauté de juillet avait la légalité; elle devait la conserver. Louis-Philippe ne s'en était jamais écarté, et cette fidélité même contribua à sa perte. Il est permis de ne point s'associer à tous les actes de la politique de ce prince; mais, malgré l'événement, ce n'est point par ce côté qu'elle est attaquable.

La foi dans la légalité honora seule la chute du trône. Mme la duchesse d'Orléans ne pouvait pas répudier le principe qui l'attachait solidairement à sa famille et à sa cause. Elle alla donc à la Chambre des députés, et, au risque de ce qui en arriverait, c'est là, c'est là seulement qu'elle devait porter sa douloureuse et rapide régence. Poussée par un cri unanime, elle arriva, à travers les flots de la foule émue, devant le péristyle du Palais-Bourbon. M. le duc de Nemours, la voyant de loin se diriger sur la Chambre, s'était hâté de la rejoindre, résolu à ne pas l'abandonner. Homme de devoir, il se plaçait auprès de la nouvelle régente; aussi un des députés qui entouraient Mme la duchesse d'Orléans s'étant approché du prince pour lui demander s'il ne jugerait pas utile de rester en dehors avec les troupes sur la place Louis XV, M. le duc de Nemours répondit : « Hélène court ici des dangers, je ne veux pas la quitter; ne me conseillez pas d'abandonner la femme de mon frère. » Peut-être lui donnait-on un avis salutaire et opportun, je ne serais pas éloigné de le croire; mais qui pourrait blâmer une résolution si noble? et d'ailleurs combien le blâme aurait-il été plus assuré et plus général si on n'avait pas vu M. le duc de Nemours auprès de sa belle-sœur ! Il ne la quitta plus un seul instant.

Le cortége traversa la salle des Pas-Perdus. Bientôt une foule de députés et d'individus étrangers à la Chambre déboucha de tous les couloirs et entoura la princesse, au risque de la priver d'air. « Point de princes ! s'écrie un homme investi depuis d'un emploi diploma tique; (quelle préparation à la diplomatie !) point de princes! nous n'en voulons pas ici ! » Après avoir écarté des furieux qui se précipitaient au-devant de Mme la duchesse d'Orléans pour empêcher son entrée dans la Chambre, on la dégagea de la presse et on la fit entrer dans la salle des distributions. Elle s'y assit quelques minutes. Enfin on l'annonce dans l'Assemblée, elle y pénètre et se place dans l'hémicycle. On apporte des fauteuils pour elle et ses fils; elle reste debout au pied de la tribune. A sa vue, les cris de *Vive la duchesse d'Orléans! vive le comte de Paris!* s'élèvent de tous côtés.

Les acclamations de l'Assemblée presque entière sont constatées par le *Moniteur*, qu'on ne trouvera pas toujours aussi exact. Sans doute des sentiments hostiles avaient déjà pénétré dans la Chambre : au fond des tribunes frémissantes, on sentait, on devinait des ennemis, le silence des députés de l'extrême gauche était une menace, mais enfin l'aspect de l'Assemblée loin de révéler un parti pris contre le jeune prince et contre sa mère, semblait favorable et protecteur. Tout dépendait d'un effort : M. Dupin le tenta. Le président ne crut pas devoir s'y associer. Sur les réclamations des députés opposés à la nouvelle régence, il invita *les personnes étrangères* à se retirer, et, tout en répétant plusieurs fois les mots d'*auguste princesse*, tout en prodiguant les hommages les plus monarchiques, il engagea Mᵐ la duchesse d'Orléans à quitter la Chambre des députés *par respect pour le règlement !* Ce fut alors que, se tournant vers le président avec une incomparable dignité, elle lui adressa cette parole que conservera l'histoire. « Monsieur, ceci est une séance royale ! »

Rien ne put la troubler, rien ne put l'émouvoir, et si son intrépidité stoïque avait pu s'inoculer à toutes les âmes, la royauté existerait encore en France. Et pourtant la pression matérielle était au moins égale à la préoccupation morale. L'hémicycle était rempli par une foule nombreuse, entrée avec la princesse dans l'enceinte législative : foule affairée, tumultueuse, bruyante, mêlée d'amis et d'ennemis, de curieux qui étaient venus pour voir, d'officieux qui se faisaient de ceci une fête, d'individus sans opinion qui attendaient pour se déclarer, prêts à acclamer le triomphe, quel qu'il fût. Des hommes armés escaladaient les bancs, allaient et venaient, poussés ou rappelés par leurs chefs. Quelques-uns s'approchèrent de la princesse, la touchant presque de la main. « Venez, venez, Madame, » lui dit en passant un jeune homme qui descendait en courant l'escalier de la tribune ; « je vous réponds de vos enfants et de vous ; venez vous montrer au peuple, il vous proclamera tout d'une voix. » — « Ne bougez pas ! » s'écriait un autre ; « si vous faites un pas, vous et vos enfants, vous êtes morts ! »

Au milieu de cet effroyable tumulte, Mᵐᵉ la duchesse d'Orléans ne faisait ni un mouvement ni un geste ; seulement elle était un peu pâle et, comme si elle assistait à un spectacle émouvant et curieux, elle attachait ses regards avec une attention infatigable sur la foule et sur l'Assemblée. Puis, lorsque quelques-uns des amis dévoués dont elle était accompagnée s'approchaient d'elle, elle leur répondait par un sourire triste et doux. Craignant pour sa vie, ils la suppliaient en vain de sortir : — « Si je sors d'ici, dit-elle, mon fils n'y rentrera plus. » La chaleur, la presse, la course précipitée de gens qui montaient, descendaient sans relâche finirent par ne plus lui permettre de demeurer au pied de la tribune. Elle passa sur les gradins supérieurs de la salle, s'y assit avec ses fils et M. le duc de Nemours, suivis par les officiers de la maison de M. le comte de Paris, par quelques députés et par des gardes nationaux.

Rien n'était encore perdu lorsque de froides et cruelles paroles, tombées goutte à goutte de la tribune, gagnèrent le centre de l'Assemblée et glacèrent les cœurs étonnés et indécis. En face de M. le duc de Nemours, dont la présence attestait un acquiescement formel et une abdication bien noblement volontaire, M. Marie se fit le champion bénévole de sa régence. Il rappela la loi qui l'avait décernée à ce prince : « Il faut dit-il, obéir à la loi... » A la loi portée par ces mêmes pouvoirs dont la destruction était décidée, accomplie !... L'orateur mit le comble à sa gloire en prononçant le premier ces mots : *Gouvernement Provisoire*, mots de funeste augure, destinés à servir d'enseigne à une anarchie que la France aurait dû dès-lors étouffer dans son germe, mais qu'à défaut de prévoyance, elle a du moins arrêtée avec courage dans sa marche audacieuse et désordonnée. Puisse-t-elle persévérer !

M. Crémieux prêta à son honorable collègue l'appui de son talent; mais il crut devoir joindre la pantomime à l'éloquence. Après avoir parlé, il se glissa auprès de Mme la duchesse d'Orléans et lui montra un petit papier sur lequel il lui avait fait sa leçon en termes ambigus qui pouvaient servir à deux fins. Il ajouta à ce don inestimable beaucoup de conseils, excellents sans doute. M. Crémieux fut écouté en silence, car il assure qu'il fut écouté *. En tout cas, le temps était trop précieux pour l'employer à proposer des énigmes et à deviner des logogriphes. La princesse prit le chiffon que lui tendit son con-

(*) Voir le *Moniteur* du mercredi 11 avril 1849.

seiller improvisé, le froissa dans ses doigts, le laissa tomber... On le ramassa, dit-on. Ensuite, Mme la duchesse d'Orléans se leva une seconde fois et essaya de se faire entendre.

Elle crut même un instant y avoir réussi ; mais à peine eut-elle prononcé avec beaucoup de calme et de sang-froid ces simples mots : « Mon fils et moi, nous sommes venus ici... » que les hurlements de la foule d'en bas et des tribunes étouffèrent sa voix. Les uns lui criaient ; « Parlez! parlez! » d'autres lui disaient : « Laissez parler Odilon Barrot! » M. Barrot, retenu par des obstacles aussi fâcheux qu'inattendus, était arrivé sur ces entrefaites; le tumulte l'ayant empêché d'entendre la princesse et la faiblesse extrême de sa vue ne lui ayant probablement pas permis d'apercevoir qu'elle était debout, essayant de se faire écouter, il prit lui-même la parole. Alors dans l'impossibilité de faire comprendre qu'elle voulait parler, Mme la duchesse d'Orléans fut contrainte de se rasseoir.

M. Ledru-Rolin, M. de Larochejacquelein montèrent tour à tour à la tribune, lorsqu'une bande d'ouvriers en blouse, en bourgeron, parmi lesquels on voyait des gens d'une classe toute différente qu'on reconnaissait à l'élégance de leurs vêtements, tous le fusil sur l'épaule, tambours battants et drapeaux déployés, se précipitèrent dans la salle, poussant des cris affreux et proférant d'horribles menaces. Un insurgé parut tout à coup dans l'hémicycle envahi, et brandit un drapeau à la droite de la tribune. « Il n'y a plus de royauté! s'écrie cet homme; les Tuileries sont prises, le trône est jeté par la fenêtre! » Un autre vexillaire se place à la gauche de la tribune. On s'y presse, on s'y pousse, on s'y heurte : tous veulent parler à la fois; l'escalier est escaladé, le désordre est à son comble. Il est inutile de chercher à le peindre ; il est présent à tous les souvenirs, constaté par tous les documents, par le *Moniteur* lui-même. C'est ici pourtant qu'il faut relever une erreur grave du journal officiel. Après avoir rendu compte de cette scène tumultueuse, il fait disparaître Mme la duchesse d'Orléans ; il lui fait quitter la salle avant le discours de M. de Lamartine *. Nous ne voulons pas croire cette erreur volon-

---

« Les regards se portent vers le sommet de l'amphithéâtre, où s'étaient assis taire; quoi qu'il en soit, elle est importante, elle est capitale, et, dans l'intérêt de l'histoire surtout, elle doit être soigneusement relevée. La vérité est que, lorsque M. de Lamartine parut à la tribune, Mme la duchesse d'Orléans était devant lui. « Messieurs, dit l'orateur, j'ai partagé aussi profondément que qui que ce soit parmi vous le double sentiment qui a agité tout à l'heure cette enceinte en voyant un des spectacles les plus touchants que puissent présenter les annales humaines, celui d'une princesse auguste se défendant avec son fils innocent, et venant se jeter du milieu d'un palais désert au milieu de la représentation du peuple.... »

A ce langage harmonieux et pacifique, les amis de l'ordre crurent la monarchie sauvée; ils respirèrent. L'un d'eux, qui se trouvait alors le plus rapproché de Mme la duchesse d'Orléans, lui témoigna par ses regards l'espoir dont il se sentait pénétré; mais, d'un signe presque imperceptible de la main, la princesse lui fit comprendre qu'elle ne partageait pas ses illusions. Tandis qu'on la saluait de l'épée, elle en avait senti la pointe appuyée sur le cœur. Bientôt le glaive s'y enfonça tout entier. M. de Lamartine continua : de vaines espérances tombèrent toutes à sa voix; les clameurs s'élevèrent plus furieuses. Pendant toute la durée du discours de l'auteur des *Girondins*, un homme en blouse, un sabre à la main, s'était posté aux pieds de la tribune, les yeux obstinément attachés sur le visage de l'orateur; dès que M. de Lamartine eut fini de parler, cet homme remit son sabre dans le fourreau en criant : « A la bonne heure ! »

Vers la péroraison, le bruit du dehors s'était violemment accru : on entendit des coups de crosse de fusil briser les portes de la tribune diplomatique, qui se remplit d'hommes armés. La Chambre était prise d'assaut. Le président disparut derrière le fauteuil. La portion de la Chambre entre Mme la duchesse d'Orléans et la tribune

la duchesse d'Orléans et ses enfants; mais au moment de l'invasion de la salle par la multitude, la princesse, les princes et ceux qui les accompagnaient sont sortis par la porte qui fait face à la tribune.... MM. Crémieux, Ledru-Rollin et *de Lamartine* paraissent en même temps à la tribune, etc., etc. » — (*Moniteur* du vendredi, 25 février 1848.)

de droite fut dégarnie en un clin d'œil. La princesse resta comme
un point de mire aux fusils braqués sur elle. Elle consentit alors à se
retirer devant la force. L'Assemblée s'était levée tout entière avec un
grand bruit. Pendant le tumulte, un huissier de la Chambre, vêtu
en garde national, prit M. le comte de Paris dans ses bras. La princesse le suivit, tenant M. le duc de Chartres. Elle monta dans le
couloir circulaire des pairs de France, longea ainsi la salle et sortit
par la porte située au haut de l'extrême gauche. Là se passa une
scène terrible dans un passage sombre et étroit, ouvert sur le palier
d'un petit escalier tournant. La princesse fut séparée de sa suite par
la foule effrayée, qui descendait des tribunes comme un torrent.
Elle se sentit heurtée et rejetée contre la muraille, tandis que son
faible cortége, allongé dans ce défilé à peine assez large pour le passage d'une seule personne, avait disparu, rompu et brisé par la
foule. Tout à coup un homme d'une figure effroyable se jeta sur le
comte de Paris, l'enleva de terre et lui serra la tête dans ses mains
comme dans un étau, appuyant ses larges pouces sur les yeux de
l'enfant. La pauvre mère crut qu'on voulait les arracher de leurs or-
bites. Elle se précipita sur l'assassin, et, avec le secours d'un garde
national, lui fit lâcher prise. L'enfant tomba. Le petit duc de Chartres disparut, emporté par un passant. Nous verrons tout à l'heure
comment ils furent retrouvés tous les deux. Mme la duchesse d'Orléans
fut alors violemment séparée de ses fils. Entraînée, étouffée, presque
jetée au bas de l'escalier, elle y resta, appelant ses enfants avec des
cris douloureux. Elle se croyait arrivée à sa dernière heure.

Elle avait raison de le croire. Un prodige pouvait seul la sauver,
et pourtant on vient nous dire après qu'en la traitant de la sorte,
elle et ses enfants, on agissait dans leur intérêt ; on se vante même
de l'avoir *sauvée*, on semble presque compter sur sa reconnaissance,
« Que fût-il arrivé, dit-on, si un de ces hommes courageux qui
étaient à la tribune eût dit : « Ayez pitié de cette femme et de cet
» enfant ! Ne vous contentez pas de les entourer de respect et de
» compassion ; donnez-leur, à l'une la régence, à l'autre un trône ! »
Et le peuple, attendri et flottant, aurait peut-être ramené avec
acclamations aux Tuileries cette femme et cet enfant !..

» Et le lendemain ?

» L'esprit se perd dans l'abîme de conjectures, toutes plus sinis-tres les unes que les autres, sur les catastrophes qui se seraient suc-cédées, si des hommes à courte vue et à faible cœur avaient constitué la régence le 24 février. Un instant de trève, oui ; mais une guerre renaissante et incessante aussitôt après, une émeute nouvelle tous les matins sous les fenêtres de *cette femme*. L'anarchie, si elle eût cédé ; le sang à grands flots, si elle eût résisté. Aujourd'hui le palais forcé, comme au 20 juin 1791 ; demain la royauté captive, comme au 10 août.... »

En vérité, si ce n'est pas une ironie sanglante (on le croirait au premier aspect, mais je repousse une telle pensée), si ce n'est pas une ironie, voilà une singulière logique et une sollicitude plus étrange encore ! Comment pour épargner dans l'avenir une catas-trophe terrible *à cette femme* (ce n'est pas moi qui parle, je copie), pour la garantir d'un malheur futur, on l'écrase séance tenante ! Pour la préserver d'une prison problématique, d'une fantastique tour du Temple, on l'exile, on la proscrit, on la chasse ! Pour l'em-pêcher d'être assassinée le 25, on l'expose à être massacrée le 24 ! D'ailleurs, pour M$_m^e$ la duchesse d'Orléans, il ne s'agissait plus de la régence, mais de la vie. Arrachez-lui le pouvoir, si vous voulez, mais veillez sur ses jours. Lorsqu'elle est entourée d'assassins, pro-tégez au moins sa sortie ; ne la laissez pas tomber mourante au pied d'un escalier. La politique ne dispense pas de l'humanité. Eh bon Dieu ! pourquoi s'étonner ? la France n'a-t-elle pas été traitée comme *cette femme ?*

Enfin, quelques amis dévoués parviennent jusqu'à la princesse et réussissent à la dégager ; ils l'entraînent dans la salle des Pas-Perdus. Nouveau surcroît de danger ! La salle était envahie par des bandes furieuses. Ils gagnent alors à grand'peine la seconde salle d'attente du côté de la cour, puis les couloirs qui mènent aux bu-reaux de la Chambre, où personne n'avait encore pénétré. A tra-vers les corridors des bureaux, ils la conduisent au petit hôtel de la présidence ; mais ce moment qui semblait celui de la délivrance, fut incomparablement le plus douloureux de tous Pour la pre-

mière fois, Mme la duchesse d'Orléans perdit courage et fondit en
larmes. Elle ne savait pas ce qu'étaient devenus ses enfants! Elle
ne savait pas s'ils étaient vivants ou morts! Calme tout à l'heure,
presque tranquille au milieu d'un péril partagé, elle demandait avec
égarement ses fils qu'elle ne voyait pas ; elle voulait courir les chercher... Bientôt M. le comte de Paris lui fut rendu.

Au moment où il était tombé, un des officiers de sa maison, suivi
de plusieurs gardes nationaux, le trouva gisant à terre ; l'avant reconnu à sa voix enfantine, il le saisit rapidement et l'emporta dans
ses bras. Arrivé à la salle des Pas-Perdus, l'officier fit descendre le
petit prince par une fenêtre basse qui donnait sur le jardin de la
présidence. Quant à M. le duc de Chartres, il avait été enlevé,
comme son frère, par un insurgé, puis délivré par un huissier de la
Chambre. Ce brave homme l'avait caché chez lui dans les com-
bles du palais Bourbon Plus tard, l'enfant fut aussi ramené à sa
mère.

On ne pouvait rester plus longtemps à la Chambre des députés
ou dans ses dépendances. Par bonheur, une petite voiture à un
cheval stationnait dans la cour ; Mme la duchesse d'Orléans y monta
avec M. le comte de Paris et un garde national ; deux députés l'es-
cortèrent. Ce fut ainsi qu'elle arriva aux Invalides. M. le duc de
Nemours, qui avait échappé aux insurgés en habit de garde national, y rejoignit sa belle-sœur.

En descendant de voiture, Mme la duchesse d'Orléans était entrée
dans l'appartement du maréchal Molitor. Le vieux guerrier n'attendait pas la princesse ; il la reçut avec un douloureux respect, sans lui
cacher cependant les craintes que pouvait inspirer pour ses enfants
et pour elle le choix d'un asile où aucune défense n'était possible.
« Monsieur le maréchal, répondit la duchesse d'Orléans, quelque
danger que nous puissions courir, je suis décidée à rester aux Invalides. Dans ce moment, c'est le séjour le plus convenable pour mon
fils et pour moi : convenable pour en sortir, si un avenir nous reste
encore ; convenable pour y mourir, si notre destinée est de mourir
aujourd'hui. »

Toutefois, elle ne se bornait pas à cette abnégation héroïque, elle n'invoquait pas seulement le secours d'un *beau désespoir*. Elle ne resta pas inactive un instant. Tout ne lui semblait pas perdu ; elle avait conservé l'espoir d'une réaction dans le sens de l'ordre. Elle dit aux personnes qui l'entouraient : « Je tiens à la vie de mon fils plus qu'à sa couronne ; cependant, si sa vie est nécessaire à la France... il a près de dix ans, il est déjà en âge de s'exposer pour son pays. . Tant qu'il y aura une seule personne qui me conseillera de rester ici, quel que soit le danger, je resterai. » Si l'attitude de Mme la duchesse d'Orléans avait été noble et grande dans l'Assemblée législative transformée en champ de bataille, elle ne fut pas moins admirable dans sa retraite momentanée à l'hôtel des Invalides. Des négociations s'y nouèrent et s'y dénouèrent sans relâche ; les députations s'y présentèrent ; les noms de ceux qui jouèrent un rôle dans cette circonstance ne sont pas encore acquis à la publicité, et quelques-uns ne laisseraient pas de causer un peu d'étonnement. Mme la duchesse d'Orléans écoutait tout le monde, répondait à tous... Toujours résolue, jamais agitée, elle délibérait, ordonnait sans trouble, sans confusion, avec une présence d'esprit à la fois ardente et calme. Elle ne fut régente que pendant ces six heures, mais elle le fut *

* EXTRAIT DU TESTAMENT DU DUC D'ORLÉANS

copié le 13 mai 1848, d'après une copie faite sur l'original trouvé aux Tuileries dans le sac du château, le 24 février 1848.

Si le devoir sacré que je vais remplir doit être le dernier d'une carrière sans éclat, mais sans tache, je suis certain que toute ma famille ne verra dans l'expression de mes derniers vœux qu'une manière de plus de lui témoigner l'affection et la reconnaissance dont je suis pénétré, en fournissant à tous les miens, lorsque je ne serai plus au milieu d'eux, le moyen de réaliser quelques-unes des pensées que j'aurai emportées avec moi. Mais avant d'indiquer ces vœux que je ne consigne peut-être pas ici dans une forme légale, sachant qu'entre nous cette précaution est inutile, j'éprouve ici le besoin de faire agréer ma respectueuse reconnaissance au Roi, qui a toujours été si bon pour moi, à la Reine, à qui je dois tant, et à ma tante, qui m'a toujours traité comme un fils.

Quoique je sois certain que ma famille, dont je connais l'union indissoluble, fera pour moi ce que j'aurais fait en pareil cas pour chacun de ses membres et se regardera comme associée intimement à toute mon affection pour ma chère

Tant d'intrépidité dut fléchir devant une nécessité inexorable. Des rumeurs menaçantes se succédaient et se rapprochaient ; toutes les espérances des amis de la dynastie se détachaient une à une. Des avis auxquels la princesse ne pouvait opposer que la résignation lui apprirent que c'en était fait. « On connaissait déjà sa retraite aux Invalides... Déjà les hordes insurgées se préparaient à violer cet asile... Comment leur résister avec des piques, car on n'avait pas d'autres armes?... Il n'y avait plus ni troupes, ni gouvernement, ni ministres... La régence était devenue impossible... Pour en prévenir l'établissement, des fanatiques ou des sicaires pouvaient aller jusqu'à l'assassinat... Il n'y avait plus de sûreté, ni pour les fils ni pour la mère ; tous périssaient sans utilité pour la France. »

Voilà les paroles sinistres qui retentissaient autour de la princesse : elle résistait encore ; alors on lui conseilla de se retirer secrètement dans une maison particulière, en laissant croire qu'elle était restée aux Invalides, afin d'assurer sa fuite, si l'hôtel était envahi, ou d'y rentrer dans l'hypothèse d'une réaction monarchique. Mᵐᵉ la duchesse d'Orléans rejeta hautement ce dernier parti. Elle déclara qu'elle ne voulait pas de ce qu'elle appelait une supercherie, que surtout elle ne voulait pas exposer les Invalides sans partager leurs dangers. « Je reste tout à fait ou je m'en vais tout à fait » s'écria-t-elle avec une émotion généreuse peu éloignée d'une sorte d'indignation. Elle se décida enfin à se laisser conduire par ses amis dans la

Hélène, cependant j'ose croire qu'en recommandant de nouveau au Roi, à la Reine, à mon frère Nemours, à ma tante et à tous mes frères et sœurs, celle qui m'a rendu si heureux, j'établirai encore un lien de plus entre *elle* et ma famille dont je me flatte qu'elle partagera en tous points les destinées.

J'ai la confiance que lors même que ses devoirs, vis-à-vis les enfants que je lui ai laissés, ne l'enchaîneraient plus au sort de ma famille, le souvenir de celui qui l'a aimée plus que tout au monde l'associerait à toutes les chances diverses de notre avenir et de la cause que nous servons. Hélène connaît mes idées ardentes et absolues à cet égard et sait ce que j'aurais à souffrir de la savoir dans un autre camp que celui où sont mes sympathies, où furent mes devoirs. C'est cette confiance si pleinement justifiée jusqu'à présent par le noble caractère, l'esprit élevé et les facultés de dévoûment d'Hélène, qui me font désirer qu'elle demeure sans contestation exclusivement chargée de l'éducation de nos enfants.

maison de l'un d'entre eux, située dans le voisinage, et sortit par une porte qui donne sur l'avenue de Tourville. Mme la duchesse d'Orléans était restée aux Invalides depuis deux heures après-midi jusqu'à sept heures du soir. Elle passa toute la matinée du 25 dans sa retraite hospitalière ; mais il fallut en repartir le lendemain.

L'esprit des campagnes paraissait inquiétant ; la République était proclamée à Paris. A l'aide d'un peu d'argent ramassé à la hâte et d'un passeport à l'Etranger, la princesse et ses fils, accompagnés d'un ami, prirent le chemin de fer dans la soirée du 26. Cette nuit-là, ils couchèrent à Amiens ; le lendemain, à Lille ; puis, après avoir traversé la Belgique sans s'être livrée à la joie douloureuse d'aller embrasser à Bruxelles sa sœur chérie, sa meilleure, sa plus constante amie, Mme la duchesse d'Orléans passa la frontière et s'arrêta à Ems. Quelque temps après, elle se retira à Eisenach, dans les Etats du grand-duc de Saxe-Weimar, son oncle. Elle y réside encore en ce moment, avec Mme la grande-duchèsse douairière de Mecklembourg-Schwerin, sa belle-mère ou plutôt sa mère.

ALEXIS DE SAINT-PRIEST.

VIII

DERNIERS INSTANTS DE LA REINE.

16

« Que lui restait-il a demander au Ciel ou a
» desirer sur la terre? Elle voyait le Roi au
» comble des prosperites humaines, aime des uns,
» estimé de tous, pouvant tout ce qu'il veut et ne
» voulant que ce qu'il doit, et par sa moderation
» au-dessus de sa gloire même Que devait-on
» voir apres sa mort? . la surprise et l'effroi,
» puis les regrets et la douleur des peuples; les
» prieres et les sacrifices offerts pour elle, les
» larmes des pauvres repandues, les temoignages
» rendus par la voix publique a sa vertu. »

(FLÉCHIER)

La tombe de Weybridge s'était à peine fermée sur le roi
Louis-Philippe que déjà la mort inexorable s'apprêtait à ouvrir une tombe de plus pour cette noble famille d'Orléans que
tant d'infortunes frappaient après tant de grandeurs. Depuis
longtemps la reine des Belges était atteinte du mal qui devait
l'emporter, jeune encore. Les douleurs morales, la perte de
parents chéris, la révolution de Février, dispersant sa famille
et la condamnant à l'exil, tout avait agi sur ce cœur si aimant,
si dévoué, que tant de sollicitudes remplissaient. Les récentes
douleurs de Claremont et de Saint-Léonard, ces touchants adieux
à un père qu'elle ne devait plus revoir, attristèrent les derniers
jours de la Reine. Lorsqu'elle revint d'Angleterre, le mal avait
fait de rapides progrès; il prenait d'heure en heure un caractère plus aigu, plus alarmant; et les médecins voyaient bien
qu'il ne leur restait plus qu'à disputer quelque temps encore
la pauvre malade à une mort qui s'approchait à grands pas.

La présence subite au palais d'Ostende de la reine Marie-
Amélie, de la duchesse d'Orléans, de la duchesse Clémentine

de Saxe-Cobourg, des princes, ses frères, dut dire clairement à la Reine que le mal avait de la gravité. Mais la mort ne l'effraya pas! Au milieu de ces tristesses du cœur auxquelles ne saurait échapper, lorsqu'il faut quitter la vie, l'épouse dévouée et fidèle, la mère qui ne doit plus revoir ses enfants, la reine Louise se montra chrétienne résignée; elle fut douce envers la mort, comme elle l'avait été toute sa vie avec ceux qui l'entouraient, avec les grands de la terre comme avec les humbles qu'elle aimait tant à consoler.

A la nouvelle du danger qui menaçait la vie de la Reine, son beau-frère le duc de Saxe-Cobourg Gotha était accouru. Le duc de Nemours, le prince de Joinville et le duc d'Aumale ne quittaient plus le chevet de leur sœur bien-aimée. Bientôt aussi beaucoup de personnages de distinction, gardant leur attachement ou leur foi politique à la maison d'Orléans, arrivèrent à Ostende.

Le mal était sans remède; la reine Marie-Amélie se chargea de la douloureuse mission d'éclairer la Reine, sa fille, sur la gravité du péril, et l'auguste malade ne pensa plus dès lors qu'à remplir ses doubles devoirs de chrétienne et de mère. L'abbé Guelle * reçut sa confession; le viatique et l'extrême-onction lui furent administrés en présence du Roi et de toute la famille royale. Puis, la Reine appela ses enfants et les bénit! La duchesse d'Orléans, la duchesse Clémentine de Saxe-Cobourg, le duc de Nemours, le prince de Joinville, le duc d'Aumale et le duc Alexandre de Saxe-Cobourg reçurent successivement ses adieux, et on vit la pauvre malade chercher à les rassurer comme pour diminuer leur douleur et dire autour d'elle : « J'ai voulu être prête à partir... mais je ne » désespère pas... consolez-vous, je me sens encore de la vie!» Toute la nuit les larmes coulèrent autour du chevet de la

---

* Aumônier de la reine Marie-Amélie.

Reine, car l'agonie se déclarait et tout espoir s'évanouissait ! Vers quatre heures du matin, la Reine embrassa ses enfants pour la dernière fois, au milieu des prières des agonisants, et, faisant un dernier effort, elle demanda la main du Roi, la retint dans la sienne et la porta à ses lèvres... Puis, la mort voila ses yeux !..

Voici l'indication des personnes de distinction qui se trouvalent au palais d'Ostende au moment où la Reine expira : Mme la comtesse Henri de Mérode, sa dame d'honneur ; Mme la comtesse Vilain XIIII et Mme la comtesse Van der Straten, dames du palais; M. le lieutenant-colonel de Moerkerke, M. Conway, intendant de la liste civile, M. le comte de Briey; M. le duc de Montmorency; M. le comte Anatole de Montesquiou, chevalier d'honneur de la reine Marie-Amélie; M. le comte d'Houdetot, ancien aide-de-camp du roi Louis-Philippe ; M. Cuvilier-Fleury, ancien précepteur du duc d'Aumale; Mme la duchesse de Marmier ; Mme la comtesse Mollien et Mme la comtesse d'Hulst, dames d'honneur de la reine Marie-Amélie; Mme la marquise de Wyns de Peysac.

La nouvelle du péril que courait la vie de la Reine avait fait éclater dans la Belgique entière des témoignages de sympathie et de dévouement que peu de souveraines ont su inspirer. A Bruxelles, la foule se pressait dans la cathédrale pour obtenir du Ciel le rétablissement d'une santé sur laquelle reposait tant d'espérances. Le clergé et les fidèles s'étaient rendus dans l'antique basilique pour y célébrer une grand'messe solennelle en l'honneur du Saint-Sacrement des miracles. Là toute la population mêlée, confondue dans un même sentiment, n'ayant plus qu'un seul cœur, priait pour cette reine chérie. A Ostende, la reine Marie-Amélie et la princesse Clémentine, duchesse de Saxe-Cobourg Gotha, assistaient aux prières publiques; on célébra une neuvaine en l'honneur de la Sainte-Vierge, pour obtenir la guérison de l'auguste malade. Le jour où le duc de

Brabant, le comte de Flandre et la princesse Charlotte accompagnèrent pour la première fois la reine Marie-Amélie à l'église paroissiale d'Ostende, le curé vint au-devant de la famille royale et s'exprima en ces termes : « Madame, je m'es
» time heureux d'avoir l'honneur de recevoir V. M. dans
» ce lieu sacré. Plût à Dieu que ce fût dans une circon
» stance plus propice! Entrez dans le temple divin et que
» Dieu soit votre force, votre secours, dans les amertumes
» qui vous ont assaillie. Madame, toute la Belgique prie sans
» relâche pour obtenir du Ciel le rétablissement de notre Reine
» chérie, dont la vie et la santé sont si précieuses, si nécessai-
» res à la patrie, à la famille royale et à la religion. » La reine
Marie-Amélie répondit : « Monsieur le curé, je vous remercie
» des sentiments que vous venez d'exprimer. Je suis convaincue
» que la prière est le seul moyen de sauver mon enfant. Je re-
» commande ma fille, Monsieur le curé, à vos prières et à celles
» de vos paroissiens. » Et après la messe, lorsque le curé reconduisit l'auguste veuve du roi Louis-Philippe, elle répéta :
« Je vous en prie, Monsieur le curé, priez beaucoup pour mon
» enfant! »

La prière et les larmes ne désarmèrent pas les rigueurs de la mort. La reine Louise expira, tenant la main du roi Léopold sur ses lèvres, ses enfants agenouillés auprès d'elle, ayant à son chevet la Reine, sa mère, et à ses côtés ses frères bien-aimés, ces nobles princes aujourd'hui sans patrie, que l'ingratitude, l'exil et le deuil ont frappés à la fois et qui, malgré leur infortune, bénissent toujours la France.

« La perte est grande pour la Belgique; — écrivait M. Cuvi-
» lier-Fleury au *Journal des Débats* — pour les princes de la
» famille royale, elle est plus grande encore. La reine des
» Belges, autrefois le conseil et le conseil toujours écouté de
» leur haute fortune, était devenue l'ange de leur exil, la provi-
» dence de leur adversité. Elle était, après le roi Louis-

» Philippe et après la reine Marie-Amélie, un des liens les
» plus puissants de ce bon accord qui est la force des familles
» comme des empires. Pourquoi déguiser l'étendue de cette
» perte, si grande qu'elle soit? La reconnaître et la constater,
» c'est le plus noble hommage qui puisse être rendu à la mé-
» moire de cette Reine qui fut douce, simple et modeste et
» dont la mort, pourtant, fait un si grand vide non-seulement
› dans les affections, mais dans tous les intérêts supérieurs,
» dans toutes les préoccupations sérieuses de sa famille. »

IX

FUNERAILLES DE LA REINE.

La reine des Belges avait rendu le dernier soupir, le vendredi 11 octobre, à huit heures du matin. L'affliction du Roi était sans égale; les sanglots des jeunes princes et de la princesse Charlotte déchiraient l'âme des assistants. Seule supérieure à sa douleur, la reine Marie-Amélie trouvait la force de parler de résignation! Il fallut arracher les enfants du Roi à cette scene déchirante.

Pendant ce temps, on préparait une chambre ardente pour y déposer la dépouille mortelle de cette Reine objet de tant de regrets. Le curé de l'église paroissiale, Mme la comtesse de Mérode, dame d'honneur, Mme la comtesse Vilain XIIII, dame du palais, et Mme la comtesse d'Hulst, dame d'honneur de la reine Marie-Amélie, passèrent la nuit en prières auprès de ces restes précieux.

Le 12, à neuf heures du matin, toute la famille royale se trouvait réunie dans la chapelle. La messe fut dite par le curé d'Ostende. Le Roi, le duc de Brabant, le comte de Flandre et la princesse Charlotte, la reine Marie-Amélie, la duchesse d'Orléans, la princesse Clémentine, le prince de Joinville et le duc d'Aumale y assistaient. M. le duc de Nemours n'avait pu se rendre à cette cérémonie funèbre. Lorsque, la veille de la mort de la Reine, à quatre heures du matin, on l'avait prévenu que l'agonie de sa sœur bien-aimée allait se déclarer, il s'était dirigé vers la résidence royale au milieu des épaisses ténèbres de la nuit; son genou avait heurté un perron en saillie et occasionné une chute violente suivie d'une contusion douloureuse au genou. Le prince était tenu de garder le lit.

Derrière la famille royale on remarquait M. d'Hoffschmidt, ministre des affaires étrangères, M. Frère-Orban, ministre des finances, M. Tesch, ministre de la justice; M. le duc de Montmorency et le comte de Montesquiou, chevalier d'honneur de la reine Marie-Amélie; les lieutenants-généraux comte Goblet d'Alviella et baron Prisse; le lieutenant-colonel de Moerkerke · M. Cuvilier-Fleury, ancien précepteur du duc d'Aumale, le baron Fain, ancien chef du cabinet du roi Louis-Philippe; le baron de Crassier, secrétaire-général du ministère de la justice; M. Conway, intendant de la liste civile du roi Léopold; les docteurs Janssens, Carswell et Gueneau de Mussy, le docteur Koëpl, chirurgien du roi Léopold, chargé de procéder à l'embaumement.

Mme la comtesse Henri de Mérode, Mme la comtesse Van der Straten-Ponthoz et Mme la comtesse d'Hulst étaient placées derrière les princesses.

La chapelle ardente avait été dressée dans un salon voisin de la chambre où la Reine venait de rendre le dernier soupir. Le chiffre royal s'y dessinait en broderies d'argent sur des draperies noires. L'autel était aussi voilé de noir; des cierges de cire jaune brûlaient autour du lit de parade sur lequel les restes de l'auguste défunte se trouvaient déposés.

La Reine était là, habillée comme dans les derniers jours qui avaient précédé sa mort, la physionomie pleine de douceur

et de sérénité; ses yeux avaient encore de la vie, et ses mains
jointes offraient l'attitude de la prière.

M. Rogier, ministre de l'intérieur, M. Van Praet, ministre de
la maison du Roi, et le comte de Marnix, grand-maréchal du
palais, furent reçus par le roi après la messe funèbre. Pendant
ce temps, la reine Marie-Amélie et la princesse Clémentine
allaient voir à *l'hôtel Fontaine* le duc de Nemours, toujours alité.
L'extrême pâleur de la princesse Clémentine fut fort remarquée; bien des pleurs avaient coulé sur son visage. Le prince
de Joinville les accompagnait; la douleur semblait l'avoir
vieilli de dix ans en quelques jours.

L'embaumement du corps de la Reine fut terminé le 12 au
soir. Les dispositions à prendre pour le cercueil avaient été
confiées par le Roi à M. Léon Suys. Le corps était déposé dans
une boîte tapissée de satin blanc à l'intérieur, recouverte de
satin noir au dehors. Un second cercueil de plomb recouvrait
le premier; le tout fut placé dans un entourage d'acajou à fer-
moirs et écussons d'argent

Dans la matinée du 13, des messes furent dites dans la chapelle ardente par l'abbé Guelle, aumônier de la reine Marie-
Amélie. Pendant ce temps, le Roi et Mme la duchesse
d'Orléans assistaient au service religieux dans la chapelle anglicane où leur douleur s'était montrée telle qu'ils pleurèrent
tous deux, au milieu de l'assistance émue, l'un la compagne de
dix-huit années de sa vie, l'autre une sœur dévouée. Le révé-
rend Robert Inkes, ministre de l'église anglicane à Ostende et
chapelain du Roi, avait pris pour texte de son sermon *le bon
heur des justes.* La duchesse d'Orléans repartit pour Londres
le soir à huit heures, après avoir rendu visite au duc de Nemours
et fait ses adieux à la reine Marie-Amélie. Le prince de Joinville et
le duc d'Aumale l'accompagnèrent jusqu'au bateau à vapeur.

Ostende voyait arriver dans ses murs un grand nombre de
voyageurs venus de Bruxelles, Bruges, Gand ou d'autres

points de la Belgique. Le convoi de quatre heures du soir amena M. Van Hoorebeke, ministre des travaux publics, le général Brialmont, ministre de la guerre, le général de Cruquenbourg, aide de camp du Roi. Le public ne put être admis dans la chapelle ardente où M. l'abbé Guelle, M. de Coninck, doyen de Sainte-Gudule de Bruxelles, et le curé d'Ostende se relevaient à l'autel pendant que Mme la comtesse Henri de Mérode, Mme la comtesse Vilain XIIII, Mme la baronne d'Hooghvorst, Mme la comtesse Van der Straten et Mme la baronne d'Overschie de Neeryssche priaient tour à tour auprès des restes de la reine Louise.

Pendant que tant de douleurs et de regrets éclataient à Ostende, l'aspect de Bruxelles respirait une morne tristesse. Les magasins restaient fermés. Les habitants prenaient le deuil; les officiers de la garde civique et de l'armée avaient le crêpe au bras; à l'Hôtel de ville, aux galeries Saint-Hubert, aux hôtels des ministères et à tous les édifices publics flottaient d'immenses oriflammes voilées de crêpes funèbres et semées de larmes d'argent. Plus de divertissements, plus de fêtes de famille · tous les théâtres fermés; la Bourse suspendant ses opérations; la douleur publique et le glas funèbre des cloches leur avaient succédé.

Dans la matinée du 14, un convoi spécial quittait Ostende pour conduire à Laeken le Roi, ses enfants, la reine Marie-Amélie, la princesse Clémentine, les princes français et le duc de Saxe-Cobourg Gotha. Dans un compartiment du train royal, on avait disposé une voiture pour le duc de Nemours, toujours souffrant. Le convoi arriva à midi à la coupure du chemin de fer; là des voitures de la cour, tendues de noir, reçurent les augustes voyageurs.

Le convoi funèbre qui devait transporter à Laeken la dépouille mortelle de la Reine se composait de deux diligences, de deux chars-à-bancs, drapés de noir, et du catafalque dans lequel se trouvait le cercueil. Le chiffre de la Reine et le lion belge se dessinaient sur les tentures funèbres avec cette inscription : *Obiit 11 octobris 1850*. Une chapelle ardente était dressée dans l'intérieur du wagon du centre, l'autel tendu de noir, les cier-ges allumés et quatre prêtres en prières. Sur les ailes du cata-falque, on voyait des génies et des lions argentés, la couronne royale reposant au sommet sur un coussin de velours et recou-verte d'un voile funèbre. Au départ d'Ostende, la locomotive *Geneviève de Brabant* devait servir de remorqueur. Une inscrip-tion placée sur le cercueil portait ce qui suit ·

SA MAJESTÉ
LOUISE-MARIE-THÉRÈSE-CHARLOTTE D'ORLEANS,
reine des Belges,
née à Palerme, le 3 avril 1812,
décédée à Ostende
le 11 octobre
1850.

Le 14, à sept heures du matin, une messe fut dite dans la chapelle ardente par Mgr. Malou. évêque de Bruges, assisté d'un vicaire-général et du curé d'Ostende. La foule stationnait aux environs du palais, beaucoup de dames en grand deuil occupant les fenêtres ; les femmes du peuple avaient garni leurs bonnets de rubans noirs: la douleur était peinte sur tous les visages. A dix heures, MM. les ministres des travaux publics et de la guerre, le général Goblet, le général de Cruquenbourg, le lieutenant-colonel de Moerkerke, le lieutenant-colonel Van der Burch se rendirent au palais, pendant que les troupes et la garde civique stationnaient aux abords. A dix heures et de-mie, le cortége funèbre se mit en marche dans l'ordre sui-vant :

Un bataillon du 7e de ligne, tambours voilés, fusils renver-sés — la société musicale d'Ostende, ses instruments et son drapeau recouverts d'insignes funèbres — la société *Saint-Sé-bastien* d'Ostende — les frères d'armes de l'Empire — les pêcheurs d'Ostende tenant de petits drapeaux de deuil — les députations de diverses sociétés de la province de la Flandre Occidentale — la garde civique — un bataillon du 7ᵉ de ligne le clergé d'Ostende — Mgr. l'évêque de Bruges et ses assis-tants, l'abbé Andries, vicaire-général, et le doyen de Coninck le duc Auguste de Saxe-Cobourg-Gotha portant l'uniforme d'officier-général au service de Prusse et le grand-cordon de l'ordre de Léopold — M. Van Hoorebeke, ministre des travaux publics, et M. le général Brialmont, ministre de la guerre le baron de Vrière, gouverneur de la Flandre Occidentale le lieutenant-général Goblet — le consul d'Angleterre — MM. de Moerkerke et Van der Burch — M. Serruys, bourgmestre d'Os-tende — M. Van Iseghem, membre de la chambre des repré-sentants — le colonel Rosolani, commandant de place à Ostende.

Puis venaient la dame d'honneur et les dames du palais de la Reine. Les voitures de la cour et un bataillon du 7ᵉ de ligne fermaient la marche.

Le cortége s'achemina lentement vers la gare du chemin de fer par la rue de la Comédie, la place d'Armes, la rue de la Chapelle, la rue Saint-Thomas, le pont du Bassin et le quai. Sur la Place d'armes on distribuait la circulaire suivante, en langue française et flamande :

Ostendais, pleurez!

Votre Reine bien-aimée n'est plus! Celle qui, pendant dix-huit ans, fut la douce compagne de votre Roi, celle qui fut la mère chérie de vos princes et de votre princesse, celle qui fut la consolatrice des malheureux, l'ange de votre pays, vous a quittés. Elle est morte parmi vous qu'elle aimait tant! Que son sou-venir reste vivant parmi vous; qu'il soit le lien qui vous unit à votre Roi et à sa famille. Alors et toujours votre Reine, veillant sur vous du haut des cieux, sera véritablement l'ange de la Belgique.

A dix heures quarante-cinq minutes, la dépouille royale en-trait dans la station au milieu de la foule silencieuse et recueil-lie. Les ingénieurs du chemin de fer étaient à leur poste, en costume officiel, le crêpe au bras. Un coup de canon donna alors le signal du départ.

A Bruges, la station était encombrée dès le matin par la population, la garde civique formant la haie. M. le baron de Pélichy Van Huerne, bourgmestre de Bruges et membre du Sénat; MM. Devaux, Sinave et Peers, représentants; le général Pletinckx, gouverneur militaire de la province; le conseil communal; le général Borremans; M. Van den Bulcke, commissaire d'arrondissement, et les membres de la députation permanente étaient présents. A l'arrivée du char funèbre, Mgr. l'évêque de Bruges, accompagné de son chapitre, procéda à l'absoute et entonna le *de profundis* dans la chapelle ardente*. Cette cérémonie si triste et si imposante à la fois émut tous les cœurs.

---

* Le dimanche 13, Mgr. l'évêque de Bruges était arrivé à Ostende pour dire la messe, le lendemain, dans la chapelle ardente. La famille royale se rendit à cette messe, après laquelle le duc de Brabant alla au-devant du prélat et, le prenant par la main, il lui dit, les larmes aux yeux : « Monseigneur, je vous remer- » cie des prières que vous venez de dire pour la Reine; nous nous montrerons » dignes de notre mère! » — « Mon prince, répondit le prélat, je ne pouvais re- » cueillir de votre bouche des paroles plus capables de toucher mon cœur. Si » vous n'oubliez jamais les leçons de votre illustre mère, vous ferez un bien in- » dicible à notre chère patrie ! »

Quelques minutes après, Mgr. l'évêque fut introduit avec sa suite auprès de la reine Marie-Amélie. Dès qu'elle vit le prélat, elle leva les yeux au ciel et lui dit d'un ton pénétrant : « Ah! Mgr. l'évêque, que je vous suis reconnaissante des » prières que vous êtes venu dire pour mon Ange. Je recommande encore son » âme à vos prières. Nous voyons ici combien la vie de l'homme est fragile et » combien les choses terrestres sont vaines » — « Oui, Madame, répondit » Mgr. l'évêque, la triste circonstance qui m'a amené ici est un malheur affreux » pour le pays, et elle nous apprend que nous avons à attendre une meilleure » vie; mais au milieu de nos douleurs, nous avons la consolation de penser que » nos princes ont trouvé dans Votre Majesté une autre mère. » — « Quant à moi, » répondit la Reine, je suis trop avancée en âge; je ne puis plus faire grand'chose » pour eux. Mais ils m'ont promis, sur le cercueil de leur mère, de suivre ses » leçons. » Et se tournant vers le duc de Brabant : « N'est-ce pas ? » lui dit-elle.

« Certainement! » répondit le prince d'un ton convaincu et en versant des larmes.

Entre Bruges et Gand, sur la ligne du chemin de fer, les populations foraines accouraient pour rendre un dernier hommage à leur Reine adorée. Les ouvriers occupés à la construction d'un pont pour le canal de Schipdonck interrompirent leurs travaux et vinrent tous s'agenouiller sur le passage du train royal. A la gare de la station de Gand, plus de neuf mille gardes civiques ou soldats et une immense population se trouvaient réunis. M. de Jaegher, gouverneur de la Flandre Orientale, plusieurs membres de la Chambre des représentants, M. de Kerkhove-Denterghem, bourgmestre de Gand, les échevins, la cour d'appel, les tribunaux et l'université étaient présents. Mgr. Delebecque, évêque de Gand, fit l'absoute assisté de Mgr. Malou, évêque de Bruges, et d'un grand nombre de chanoines. Ce dernier prélat s'arrêtant à Gand, Mgr. Delebecque accompagna le cercueil jusqu'à Malines, où S. E. Mgr. Sterckx, cardinal-archevêque, devait, à son tour, suivre le convoi funèbre jusqu'au château de Laeken. Quatre chanoines du chapitre de Saint-Bavon étaient en prières dans la chapelle.

Le clergé de Termonde assista l'évêque du diocèse dans la cérémonie religieuse qui fut célébrée pendant que le train royal traversait cette ville. La dépouille mortelle de la Reine fut reçue à la station par M. le baron de Terbecq, commissaire d'arrondissement, par le bourgmestre, les échevins, la garde civique et les troupes de la garnison.

Le convoi se trouvait à Malines vers trois heures. Tous les bâtiments du chemin de fer avaient arboré des drapeaux noirs à larmes d'argent. Dans l'enceinte de la station centrale s'étaient rendus M. Teichmann, gouverneur de la province d'Anvers, M. de Pauw, bourgmestre de Malines, et M. de Perceval, membre de la Chambre des représentants. Lorsque le convoi s'arrêta, S. E. le cardinal-archevêque, la mitre en tête et la crosse à la main, s'avança à la tête de son chapitre et des prêtres du séminaire. Le cardinal officia, assisté de Mgr. l'évêque de Gand. Les versets du *De Profundis* étaient répétés en chœur par tous les chanoines présents.

La garde civique, la garnison de Bruxelles et les flots d'une population accourue de tous les points du Brabant et du Hainaut attendaient le convoi funèbre depuis la Coupure du chemin de fer jusqu'au village de Laeken ; jamais les quatre légions de Bruxelles n'avaient offert des contingents plus nombreux, bien que le service fût volontaire ce jour-là ; tous les officiers et sous-officiers et un grand nombre de gardes portaient des crêpes au bras et au pommeau du sabre. Puis venaient les blessés de Septembre, les élèves de l'École militaire, la garde civique de Bruxelles et de la banlieue sous les ordres du général Petithan, le général-major Vanderlinden ayant le commandement des troupes de ligne.

Le corps diplomatique s'était réuni chez M. Quinette, ministre de France, pour se rendre ensuite à la Coupure ; on remarquait aussi tous les ministres à portefeuille ; M. Dumon-Dumortier, président du Sénat ; M. Delfosse, vice-président de la Chambre des représentants, remplaçant M. Verhaegen, absent de Bruxelles ; les bureaux des deux Chambres et un grand nombre de sénateurs et de représentants ; beaucoup de magistrats appartenant à la cour de cassation, à la cour d'appel et aux divers tribunaux ; toute la maison du Roi ; M. le comte de Marnix, grand-maréchal du palais, et les aides de camp de S. M. ; le lieutenant-général baron Prisse, commandant la division ; beaucoup d'officiers-généraux, les fonctionnaires supérieurs de toutes les administrations, les bourgmestres, échevins et membres des conseils communaux de Bruxelles et de beaucoup de communes voisines.

A trois heures un quart, deux voitures de la cour, drapées de noir et attelées de quatre chevaux, amenèrent de Laeken le Roi, le duc de Brabant et le comte de Flandre, le duc de Nemours, le prince de Joinville et le duc d'Aumale. A la vue du

Roi et des princes, l'émotion fut extrême; les traces d'un abattement profond et de l'insomnie étaient gravées sur la figure du Roi; les princes français le suivaient, l'œil morne, la tête inclinée; le prince de Joinville, surtout, paraissait brisé par la douleur.

Et chacun s'attristait, en les voyant, au souvenir de l'exil qui les a frappés depuis le jour où quittant, l'un et l'autre, leurs commandements en Algérie, on entendit le duc d'Aumale dire aux officiers de l'armée d'Afrique, courtisans du malheur qui avaient eu le noble et trop rare courage d'accompagner le prince jusqu'au vaisseau qui le menait sur un sol étranger : « Messieurs, il faut partir; adieu, peut-être pour toujours! » Mais en quittant cette terre pour l'exil; ma dernière pensée » est pour la France; n'oubliez jamais vos devoirs envers elle; » servez-la bien cette France que Dieu fit si belle, et n'ayez » qu'un seul cri : Vive la France! » Le prince de Joinville était là, lui aussi; le prince de Joinville, l'honneur de la flotte, qui disait sur le port à un officier, avec les signes d'une émotion profonde : « Que vous êtes heureux, vous, Monsieur, à qui il » est du moins permis de mourir pour la France. »

A quatre heures moins vingt minutes, le canon annonça que le convoi funèbre était en vue. Peu d'instants après, les précieuses dépouilles s'arrêtaient à la Coupure en face du Roi. Douze sous-officiers choisis dans la garde civique et dans l'armée reçurent aussitôt le cercueil et le placèrent sur le char funèbre qui devait le transporter jusqu'à l'église de Laeken. Ce char, traîné par six chevaux entièrement caparaçonnés de drap noir, était orné d'une draperie de velours noir semé d'étoiles d'argent. Le cercueil, recouvert d'une immense poêle de même étoffe et traversé par une large croix d'argent, était surmonté de la couronne royale reposant sur un coussin de velours noir. Une seconde couronne était placée au sommet du char.

S. E. le cardinal-archevêque s'avança alors vers le Roi et lui adressa une courte allocution à laquelle S. M. ne put répondre qu'en s'inclinant avec un air d'ineffable tristesse ... des larmes coulaient de ses yeux.

Le cortége se mit en marche à quatre heures, des détachements de troupes précédant le clergé, les chanoines de la cathédrale de Malines, le cardinal-archevêque et le char funèbre. Les coins du poële étaient tenus par M. Dumon-Dumortier, président du Sénat; M. Delfosse, vice-président de la Chambre des Représentants ; M. Tesch, ministre de la justice; M. le genéral Brialmont, ministre de la guerre, et M. le baron d'Hooghvorst, inspecteur-général de la garde civique.·

Derrière le char, marchaient le Roi, ayant à sa droite le duc de Brabant, à sa gauche le comte de Flandre; le duc de Nemours, le prince de Joinville, le duc d'Aumale et le prince de Saxe-Cobourg Gotha, arrivé d'Ostende par le convoi funèbre. Puis venaient les ministres, le corps diplomatique, les généraux, magistrats, fonctionnaires civils, et après eux la population pèle-mêle, mais sans bruit, sans tumulte, avec tristesse et recueillement.

La Reine avait voulu que ses cendres reposassent dans cette église de Laeken où elle s'était si souvent agenouillée au pied des autels, et le Roi déférait à ce pieux désir. Une modeste église de village allait recevoir la fille des rois, sans pompe, sans splendeur. Le Roi et les princes prirent place derrière le catafalque, du côté du chœur, pendant que les ministres, le corps diplomatique et la maison du Roi se groupaient autour du funèbre monument. Les douze sous-officiers, chargés du précieux fardeau, le placèrent ensuite sur le catafalque, précédés de S. E. le cardinal-archevêque qui donna l'absoute. Allant ensuite cher cher le Roi dans le chœur, ce prélat l'accompagna processionnellement jusqu'à la porte de l'église où les voitures de la cour attendaient S. M. et les princes pour les conduire au château.

La foule alors s'écoula lentement au milieu d'un recueillement que rien ne troublait; seulement, le nom de la Reine se trouvait dans toutes les bouches; chacun disait ses regrets; toutes les familles que cette Reine adorée avait secourues étaient là. Vivants témoignages d'une charité discrète, éclairée, que rien ne lassait, elles pleuraient leur bienfaitrice.

Cependant l'église de Laeken s'ouvrit à la foule, et pendant que le gros de la population regagnait Bruxelles et les villes voisines, plusieurs milliers de personnes se pressaient aux portes de l'église et se trouvaient successivement admises devant le catafalque, autour duquel avaient pris place M. le général Chazal, aide de camp du Roi; M. de Sorlus, colonel d'état-major de la garde civique; M. Vangelder-Parys, lieutenant-colonel de la même arme; M. Kennens, colonel de la gendarmerie, et M. Renard, colonel de l'état-major de l'armée, tous l'épée nue à la main.

Les chasseurs-éclaireurs de la garde civique, les chasseurs carabiniers de l'armée et l'artillerie de la garde civique furent successivement de service dans l'église. A minuit, la garde civique de Laeken releva l'artillerie de la garde civique bruxelloise. Vers 8 heures du soir, M. le général Chazal et le colonel Kennens avaient été relevés par un autre officier supérieur de la maison du Roi et par le colonel du 1er chasseurs.

Un prêtre priait devant le cercueil; un autre à l'autel. Le matin, vers huit heures, on annonça que la reine Marie-Amélie et les princes allaient se rendre à l'église. Deux dames du palais en grand deuil et deux officiers-généraux aides de camp de service auprès du Roi avaient pris place près du maître-autel. M. Ranwet, colonel de la première légion de la garde civique bruxelloise, le colonel Renard, de l'état-major général de l'armée, et deux autres colonels de la garde civique et de l'armée étaient aux angles du catafalque. La garde civique de Molenbeék Saint-Jean et une compagnie de la première légion de Bruxelles, occupaient l'entrée de l'église. Des artil leurs de la garde civique bruxelloise se trouvaient mêlés à la garde d'honneur placée près du cercueil.

Bientôt l'émotion gagna tous les cœurs... la veuve du roi Louis-Philippe, la princesse Clémentine, le prince de Joinville et le duc d'Aumale franchissaient le seuil de l'église, sans suite, sans autre cortége que leur douleur. L'abbé Torfs, curé de Laeken, offrit l'eau bénite et conduisit la famille royale dans le chœur. En passant devant le cercueil, la reine, la princesse, sa fille, et ses deux fils s'agenouillèrent et se retirèrent, après la messe, au milieu des marques de respect de toute l'assistance.

Le *Moniteur* publiait en même temps un arrêté royal, rendu sur la proposition des ministres de la justice et de l'intérieur, et décrétant la construction d'une nouvelle église à Laeken à la mémoire de la reine des Belges *. Le Roi mit tout d'abord

---

* CONSTRUCTION D'UNE ÉGLISE A LAEKEN A LA MÉMOIRE DE LA REINE.

RAPPORT AU ROI.

SIRE,

Notre Reine vénérée, votre bien-aimée épouse, a exprimé dans ses derniers moments à Votre Majesté le vœu que ses restes mortels fussent déposés à Laeken.

Sire, le besoin le plus impérieux de votre cœur a été de consacrer, par un témoignage durable, le souvenir de votre sainte compagne. Votre Majesté a pensé que la Reine, en désignant le lieu de sa sépulture, avait indiqué elle-même, en quelque sorte, la forme que cet hommage devait revêtir.

Votre Majesté a décidé qu'une église serait érigée, sur sa fortune privée, en commémoration particulière de la Reine, dans la commune dont elle aimait le séjour et où doit reposer sa dépouille terrestre.

La réalisation de ce projet se rencontre, d'ailleurs, avec les exigences du culte. L'église actuelle de Laeken n'est plus en rapport avec le nombre des fidèles; le temple se ressent aussi de son état de vétusté, et la nécessité d'une réédification avait déjà été signalée par le conseil de fabrique. Le précieux dépôt qui va être confié à l'église de Laeken rend cette reconstruction encore plus opportune. L'autorité ecclésiastique s'est associée avec empressement à l'idée d'édifier un

cent mille francs à la disposition du gouvernement pour subvenir aux premiers frais de cette construction.

Cependant la foule continuait à se porter à Laeken pour rendre hommage aux restes mortels de la Reine. Le service de la garde civique étant volontaire dans cette triste circonstance, chaque compagnie réclama l'honneur d'être convoquée; les princes d'Arenberg et beaucoup d'autres personnes de distinction figuraient parmi les solliciteurs; tous voulaient veiller à la garde de ces précieuses dépouilles; les regrets étaient universels. Tous les membres du corps diplomatique, à l'exception de l'ambassadeur d'Angleterre, avaient assisté aux funérailles. Retenu chez lui par une maladie, lord Howard de Walden s'était empressé d'exprimer à M. le ministre des affaires étrangères combien il regrettait de ne pouvoir payer un tribut d'hommages à la mémoire de la Reine, et toutes les

nouveau temple, et nous venons, Sire, conformément aux intentions de Votre Majesté, lui soumettre un projet d'arrête à cet effet.

Le ministre de la justice,
VICTOR TESCH.
Le ministre de l'intérieur,
CH. ROGIER.

ARRÊTÉ ROYAL.

LÉOPOLD, Roi des Belges,

A tous présents et à venir, salut.

Voulant consacrer par un monument le souvenir de Sa Majesté Louise-Marie-Thérèse-Charlotte-Isabelle d'Orléans, Reine des Belges;

Vu les délibérations du conseil de fabrique de l'église de Notre-Dame de Laeken, en date des 29 septembre et 14 octobre 1850;

Sur la proposition de nos ministres de la justice et de l'intérieur;

Nous avons arrêté et arrêtons :

Art. 1er. Une église sera érigée en commémoration de S. M. la Reine Louise, en la commune de Laeken, pour tenir lieu d'église paroissiale dans ladite commune.

Nos ministres de la justice et de l'intérieur sont charges de l'exécution du présent arrêté.

Donné à Laeken, le 14 octobre 1850.
LÉOPOLD.

lettres qu'il recevait d'Angleterre témoignaient qu'à Londres, comme à Bruxelles, cette perte était vivement sentie et inspirait d'unanimes regrets.

La cérémonie de l'inhumation des restes mortels de la Reine offrit un douloureux spectacle. Elle s'accomplit dans la journée du 17 octobre. Dès le matin, quatre colonels de la garde civique et de l'armée se tenaient, l'épée nue, le crêpe au bras, aux quatre coins du cercueil. Vingt-quatre sous-officiers, tous décorés, allaient bientôt transporter la bière royale dans le caveau creusé sous l'autel de la Vierge.

Les ministres attendaient dans le chœur; des chaises avaient été réservées dans l'enceinte pour les dames de la cour et de la maison de la reine Marie-Amélie, pour les femmes des ministres et pour Mme la princesse de Ligne. Derrière elles se trouvaient M. Dumon-Dumortier, président du Sénat, et le comte de Baillet, vice-président; M. Verhaegen, président de la Chambre des Représentants, et MM. Delfosse et Delehaye, vice-présidents; les membres du corps diplomatique; le comte Le Hon et le prince de Ligne, anciens ministres de Belgique à Paris; les questeurs des deux chambres; les premiers présidents et procureurs-généraux de la Cour de cassation et de la Cour d'appel; les présidents de la Cour des comptes et du Conseil des mines; M. Liedts, gouverneur du Brabant; M. Dindal, sénateur; le comte de Marnix, grand-maréchal du palais; M. Van Praet, ministre de la maison du Roi; M. Conway, intendant de la liste civile; les généraux d'Hooghvorst, inspecteur général des gardes civiques du royaume, et Petithan, commandant la garde civique de Bruxelles; le général baron Chazal, ministre de la guerre; le général Prisse; les généraux Anoul et Dupont, aides de camp du Roi; le général Chapelié, commandant l'Ecole militaire; les généraux comte Goblet, de Cruquenbourg, de Liem, Duval de Beaulieu et de Brias; les colonels des régiments formant la garnison de Bruxelles; le colonel Keenens, commandant la gendarmerie; le colonel Delannoy; les lieutenants colonels de Meurs et Van der Burch et le major Goethals, officiers de la maison du Roi; les colonels de la garde civique bruxelloise de Doncker, Ranwet, Genis, Van Gelder-Parys, Bousman et le major Devis; les secrétaires-généraux des ministères; les bourgmestres de Laeken, Schaerbeék, Saint-Josse-ten-Noode, etc.

Le Roi et la famille royale entrèrent dans l'église précédés de S. E. Mgr. le cardinal-archevêque et du chapitre métropolitain, du doyen de Sainte-Gudule, du curé de Saint-Jacques sur Caudenberg et du curé de Laeken. Le Roi donnait le bras à la reine Marie-Amélie, et quand il passa devant le catafalque, on le vit chanceler; la reine Amélie, lui adressa alors quelques mots à voix basse, serrant son bras sous le sien comme pour l'aider à se soutenir. Cette scène émut vivement l'assistance

Le duc de Brabant, le comte de Flandre et la princesse Charlotte marchaient derrière le Roi; puis venaient le prince de Joinville, le duc d'Aumale et le prince Auguste de Saxe-Cobourg-Gotha; M. le duc Decazes; le général Moline de Saint-Yon, ancien ministre de la guerre; MM. les généraux Théodore de Rumigny et de Berthois, anciens aides de camp du roi Louis-Philippe; le général de La Rue, ancien chef du personnel de la guerre avant Février 1848, et M. Anatole de Montesquiou, chevalier d'honneur de la reine Marie-Amélie.

Le Roi et la famille royale se retirèrent après le *Requiem* en proie à la plus vive émotion.

Les sous-officiers transportèrent alors le cercueil à l'entrée du chœur. Là l'archevêque l'aspergea d'eau bénite et jeta la première pelle de terre en prononçant les mots de l'Ecriture : *Quia pulvis es et in pulverem reverteris*. Le caveau où devait être placé le cercueil se trouve sous l'autel à la gauche du chœur.

Le lendemain de cette triste cérémonie, le caveau fut muré, on rétablit le pavé dans son état primitif, et des prières furent dites pour le repos de l'âme de la Reine dans cette chapelle devenue dépositaire de ses restes vénérés

La reine Marie-Amélie, qui passa encore quelques jours à Laeken, entendait, chaque matin, la sainte messe dans la chapelle du château ou bien dans la chapelle même où la Reine, sa fille, venait d'être inhumée. Dans la matinée du 21 octobre, la reine Marie-Amélie vint prier à l'église de Laeken pour la dernière fois, accompagnée de la princesse Clémentine, duchesse de Saxe-Cobourg-Gotha, et du duc de Nemours. Après avoir fait ses adieux au curé de Laeken en termes touchants, la reine revint au château pour y faire ses préparatifs de départ. Avant de quitter le château, elle donna audience à M. Hébert, dernier garde des sceaux et ministre de la justice sous le roi Louis-Philippe ; M. Hébert était accompagné de M. de Bavay, procureur-général près la cour d'appel de Bruxelles.

A onze heures, le Roi, le duc de Brabant, le comte de Flandre et la jeune princesse Charlotte conduisirent jusqu'à la Coupure du chemin de fer la reine Marie-Amélie, le duc de Nemours. le prince de Joinville et la princesse Clémentine. M. le général Petithan, les colonels de la garde civique bruxelloise, de Doncker, Ranwet, Theyssens, de Sorlus et le lieutenant-colonel Genis, en l'absence du colonel Fernelmont, les colonels Ablay, Van Rode, Nerenburger, Van Casteel, Renard, et les lieutenants-colonels de la garde civique et de l'armée qui avaient formé la garde d'honneur dans l'église de Laeken se trouvaient réunis à la Coupure et assistèrent à cette scène touchante. Le Roi ayant embrassé avec effusion la reine Marie-Amélie, la princesse Clémentine et le duc de Nemours, leur commune émotion gagna tous les assistants. Le prince de Joinville paraissait en proie à une vive affliction. Enfin le signal du départ fut donné pendant que les princes français, debout dans la berline royale aux côtés de la reine et de la princesse Clémentine, saluaient les nombreux témoins de cette triste séparation.

Un service funèbre organisé par les Belges habitant Paris réunit, le 25 octobre, une grande affluence de monde dans l'église Saint-Roch. Plus de deux cent cinquante Belges s'étaient cotisés pour couvrir les frais de cette cérémonie. Plusieurs membres du corps diplomatique, des hommes politiques restés dévoués à la maison d'Orléans et beaucoup d'amis de cette royale famille assistèrent à ce service, où le Président de la république s'était fait représenter par un de ses officiers d'ordonnance, M. le lieutenant-colonel Edgar Ney

On remarquait parmi les membres du corps diplomatique présents, M. de Hubner, ministre d'Autriche; le baron Fagel, ministre des Pays-Bas; le baron de Schweitzer, ministre de Saxe; le baron de Stockhausen, ministre de Hanovre; le chevalier de Paiva, ministre de Portugal; M. de Kisseleff, chargé d'affaires de Russie; le comte de Schulembourg, chargé d'affaires de Prusse; MM. de Amaral, Rosalès et Barmann, chargés d'affaires du Brésil, du Chili et de Suisse. Le nonce du Pape, Mgr. Fornari, le marquis de Normanby, ambassadeur d'Angleterre, et le duc de Sotomayor, ambassadeur d'Espagne, n'ayant pu se rendre à cette cérémonie, s'étaient fait excuser à la légation de Belgique.

On remarquait dans la nef et dans le chœur M. et Mme Thiers, M. Odilon Barrot, M. Dumon, ancien ministre; le comte Napoléon et le comte Paul Daru; la duchesse Decazes; le comte de de Mornay, gendre du maréchal Soult; le prince de Montléar, la comtesse d'Oraison, Mme et Mlle de Montalivet, le comte de Rumigny, le général Gourgaud, M. Asseline, ancien secrétaire des commandements de Mme la duchesse d'Orléans, et Mme Asseline; la comtesse Desroys, la comtesse de Rigny, le général Excelmans, Mme Firmin Rogier, femme du ministre de Belgique; l'amiral de Mackau, ancien ministre de la marine; la baronne de

Mackau, le comte Vigier, le général Drolenvaux, la comtesse de Sainte-Aldegonde, M. et Mme de Laborde, M. Bocher, ancien préfet, aujourd'hui représentant du peuple ; M. Serrurier, secrétaire de la légation de France à Bruxelles ; M. et Mme Delessert, etc.

Au nombre des Belges présents, se trouvaient M. Firmin Rogier, ministre de Belgique ; MM. Carolus, Pycke de Peteghem, le comte P. de Borchgrave et M. de Bauche, attachés à la légation belge ; le baron de Rasse, le baron Daelman, M. Jeunesse et M. Sax, membres du comité de souscription ; Mme Van den Heccke de Lembeck, M. le comte Le Hon fils, le baron d'Ingelmunster, Albert Grisar, compositeur distingué ; le général baron de Knyff, le vicomte Desmanet de Biesme, Alexandre Batta, l'habile violoncelliste ; le comte Cornet de Ways-Ruart, M. Limnander de Nieuwenhove, le général Van Coeckkelberghe, etc. L'absoute fut donnée par l'abbé Guelle, aumônier de la reine Marie-Amélie, qui avait assisté la reine des Belges dans ses derniers moments.

Les Belges qui habitent Cologne imitèrent ceux qui se trouvaient à Paris et demandèrent aussi à l'Église un service à la mémoire de la Reine. Voici en quels termes la *Gazette de Cologne* rendit compte de cette funèbre solennité :

Ce matin (29 octobre), les Belges, demeurant ici et aux environs, ont fait celebrer dans l'église de Sainte-Colombe un service funèbre en mémoire de leur Reine. La douleur aussi vraie que profondément sentie qu'a causée en Belgique la mort de cette princesse, qui était pour toutes les femmes un illustre modèle des vertus de fille, d'épouse et de mère, a dû faire accueillir avec empressement, par tous les Belges demeurant ici l'idée d'honorer sa mémoire par un service solennel. Dès que l'impulsion fut donnée, on procéda aussitôt à l'exécution, et ce fut un spectacle touchant que de voir même de simples ouvriers, vivant de leur salaire journalier, apporter leur offrande pour coopérer à cet acte d'une piété devenue rare de nos jours et que tous considéraient comme un devoir sacré.

Les ordonnateurs de la solennité y avaient invité Mgr le cardinal-archevêque avec le chapitre de la cathédrale, les autorités civiles et militaires, etc. Tous, sans exception, s'étaient empressés de déférer à cette invitation. Plusieurs centaines de Belges étaient accourus de près et de loin pour assister à ce service. Tous portaient un crêpe au bras gauche. L'église était très-convenablement décorée. Une grande draperie funèbre séparait de la grande nef le chœur où des places étaient réservées pour les invités. Au milieu du chœur on avait élevé un dais qui couvrait le catafalque orné des attributs de la royauté et des initiales de l'auguste trépassée. Des deux côtés du catafalque brûlaient des urnes funéraires et dans le fond on voyait un trophée de drapeaux belges voilés par des crêpes. L'ensemble faisait un effet sévère et solennel. Le *Manner-Gesang-Verein* exécuta le nouveau *Requiem* de Neukomm avec accompagnement d'orchestre. Cette Société avait prêté son concours avec d'autant plus d'empressement qu'il s'agissait d'honorer la mémoire non-seulement d'une princesse que ses vertus rendaient chère à tous les cœurs, mais de la souveraine de la Belgique où la Société a si souvent trouvé l'accueil le plus hospitalier.

Le chanoine capitulaire Trost officiait. Le comte de Spee a prononcé l'oraison funèbre dans laquelle, sans aucune pompe oratoire, il a fait ressortir en termes pleins de simplicité ce qu'était l'auguste défunte et comme femme et comme reine; un modèle de perfection de toutes les vertus de son sexe, une vraie mère de ses enfants, un ange consolateur de toutes les misères et de tous les chagrins, dont la mort a fait couler tant de larmes qui venaient du fond des cœurs. Il a terminé par une prière à laquelle la foule qui remplissait le lieu sacré s'est associée avec ferveur.

Une affluence immense de personnes de toutes les conditions assistait à cette solennité et leur maintien prouvait que ce n'était point la curiosité, mais un sentiment de profond regret qui les avait amenées. Le souvenir de l'auguste trépassée vivra éternellement parmi les Belges.

A la nouvelle de la mort de la Reine, S. E. le cardinal-archevêque de Malines, MMgrs les évêques de Liége, Gand, Bruges, Tournai et Namur s'étaient empressés d'adresser au clergé et aux fidèles de leur diocèse un mandement qui prescrivait un service solennel dans toutes les églises du royaume. Les populations accoururent à ces funèbres cérémonies, dernier hommage rendu à la mémoire d'une princesse regrettée de tous.

Nous empruntons au journal *l'Indépendance,* auquel, d'ailleurs, nous avons eu plus d'une fois recours pour les détails relatifs aux funérailles de la Reine, la description de la solennité qui eut lieu à Bruxelles, le 25 octobre, dans l'église collégiale de Sainte Gudule.

Pour respecter — dit ce journal — la volonté de la sainte Reine, on avait dû transporter ses dépouilles à Laeken presque sans pompe, et célébrer ses modestes funérailles dans la petite église du village, sans l'appareil qu'appelait le haut rang de celle que l'on pleurait. Les larmes des rares habitants de Bruxelles qui avaient pu être admis dans l'étroite enceinte du temple avaient remplacé les hommages dus à la royauté. Mais après s'être ainsi inclinée devant la dernière volonté de la Reine, la nation a cependant voulu environner la mémoire de cette princesse adorée de tout l'éclat du trône dont ses vertus la rendaient si digne. C'est pour répondre à ce sentiment public, à ce besoin de tous d'honorer solennellement le souvenir de la Reine, qu'il fut décidé qu'un service solennel serait célébré dans l'église collégiale des SS. Michel et Gudule, avec la plus grande pompe possible, et que des députations de tous les corps constitués seraient invités à y assister.

Ce matin, donc, Bruxelles si triste depuis le douloureux événement du 11 octobre, s'est réveillé plus triste encore. Les cloches de toutes les églises tintaient le glas funèbre, le canon grondait de deux en deux minutes, les magasins restaient fermés comme au jour où la nouvelle de la mort de la Reine parvint à Bruxelles ; beaucoup de maisons, surtout dans les environs de Sainte-Gudule, étaient drapées de deuil. Un crêpe funèbre semblait recouvrir la ville entière, et dès huit heures, on ne rencontrait presque dans les rues que des personnes vêtues de noir se dirigeant vers l'église collégiale.

A l'intérieur de l'église, M. Liedts, gouverneur du Brabant, et M. Stevens, secrétaire-général du ministère de l'intérieur, présidaient à l'exécution des dispositions arrêtées d'avance. Ils étaient aidés dans cette tâche, par MM. Thiery. Perlau. Bivort, Vergote, Van der Belen, directeurs au ministère de l'intérieur, le colonel Ablay, pour le département de la guerre, et le baron

Van Zuylen, chef de bureau au département des affaires étrangères, qui tous remplissaient les fonctions de maîtres des cérémonies. M. de Sorlus, directeur au ministère de l'intérieur et chef d'état-major de la garde civique, et M. Fernelmont, colonel de la 1re légion de la garde civique, participaient également à l'exécution des mesures prises pour le placement des différents corps invités à la cérémonie, le premier pour ce qui concernait la garde civique, le second comme commandant la garde civique, réunie dans l'église.

Avant que le public ne fût admis à Sainte-Gudule, les corps constitués et les fonctionnaires ont pris place dans le chœur. Les ministres à portefeuille occupaient les premiers bancs de la première travée de droite Ils avaient auprès d'eux les ministres d'État; M. Joseph de Baillet, vice-président du Sénat, remplaçant le président, M. Dumon-Dumortier, empêché; et M. Verhaegen, président de la Chambre des Représentants.

En face de cette travée se trouvait la tribune de la maison du Roi, où ont pris place tous les aides de camp, officiers d'ordonnance et officiers de la maison de S. M.

A côté de cette tribune était celle du corps diplomatique. Tous les ministres, chargés d'affaires, secrétaires et attachés de légation étaient présents, sauf MM. les ministres d'Espagne et de Sardaigne qui, n'étant ni l'un ni l'autre à Bruxelles, se trouvaient remplacés par leurs premiers secrétaires. On remarquait M. le prince Callimaki, ministre de Turquie, accrédité en même temps près la cour de Belgique et près la République française. Il était venu de Paris avec son premier secrétaire pour rendre hommage à la mémoire de la Reine.

Les membres du corps diplomatique belge ont pris place auprès du corps diplomatique étranger. Nous citerons parmi les titulaires MM. O'Sullivan de Grass, Henri de Brouckère et Dujardin, qui représentent la Belgique à Vienne, en Italie et à

Madrid; parmi ceux qui ne sont plus en fonctions, MM. le comte Le Hon, Hippolyte et Charles Vilain XIIII.

Les membres des deux Chambres étaient presque au complet.

La Cour de cassation, la Cour des comptes, la Cour d'appel, le tribunal de première instance, le tribunal de commerce, la chambre de commerce et l'administration communale de Bruxelles avaient été convoqués en entier.

On remarquait, en outre, le général en chef de la garde civique, les lieutenants-généraux pensionnés et en activité, les officiers supérieurs de la garde civique de Bruxelles et de l'armée, les secrétaires généraux des ministères et tous les employés supérieurs des départements ministériels ou des diverses administrations publiques.

Le reste des places du chœur était occupé par les généraux commandant les divisions territoriales, les gouverneurs et les généraux commandant des provinces, les présidents et procureurs généraux des Cours d'appel de Liége et de Gand; les présidents et procureurs du Roi des tribunaux de première instance des chefs-lieux de province, les recteurs et administrateurs des universités de l'État, les délégués des députations permanentes des conseils provinciaux, les bourgmestres des chefs-lieux de province, ceux de la banlieue de Bruxelles et des villes d'Ostende, de Gand, de Termonde et de Malines qui avaient eu le triste honneur de recevoir, aux diverses stations, les dépouilles de la Reine lors de leur translation d'Ostende à Laeken.

La grande nef avait été réservée aux fonctionnaires et employés de la maison du Roi, au conseil général des hospices, aux juges de paix et commissaires de police, aux délégués des sociétés de bienfaisance, des comités de charité et des visiteurs des pauvres ; — les pauvres avaient plus que tous autres le droit d'être représentés au service de cette Reine qui a tant fait pour eux — aux députations des gardes civiques de province et des régiments de l'armée, aux corps d'officiers de la garde civique de Bruxelles, de la banlieue et de la garnison.

Presque tous les chefs de corps de la garde civique des provinces et de l'armée s'étaient joints aux députations.

On remarquait, en outre, plusieurs gardes nationaux français, tant officiers que sous-officiers ou gardes, un officier de spahis, un officier de cavalerie et deux officiers de la ligne, appartenant à des régiments français.

Dans le chœur, derrière les bancs des ministres, on avait réservé quelques places pour des étrangers de distinction parmi lesquels se trouvaient M. le prince de Metternich, le général Jomini, aide de camp de l'empereur de Russie, le général Jacqueminot, ancien commandant supérieur des gardes nationales de la Seine, M. Hébert, ancien ministre de la justice en France, M. Werner de Mérode, membre de l'Assemblée législative, qui avait pris place parmi les membres de la Chambre des Représentants.

Quelques bancs de cette même travée étaient occupés par S. A. R. l'infante d'Espagne, la duchesse d'Arenberg, la princesse de Ligne, la princesse de Metternich, les femmes des ministres, des présidents des deux Chambres, des membres du corps diplomatique et de quelques hauts fonctionnaires de l'administration générale.

A onze heures moins un quart, le clergé entra dans l'église par le grand portail, précédant processionnellement les sept prélats qui devaient prendre part à la cérémonie. Ces prélats étaient Mgr. le cardinal-archevêque de Malines, MMgrs. les évêques de Liége, de Namur, de Tournai, de Gand et de Bruges, et enfin Mgr. l'archevêque de Tyr, comte de Mercy-Argenteau, qui s'était joint aux six autres prélats.

Les officiers appartenant à la maison du Roi vinrent prendre place alors dans la tribune royale, ayant à leur tête M. Jules

Van Praet, ministre de la maison du Roi, M. le comte de Marnix, grand-maréchal du palais, MM. les lieutenants-généraux
Prisse et Goblet d'Alviella, qui donnaient le bras à Mmes d'Hooghvorst, Vander Straten, d'Overschie et Vilain XIIII, dames
du palais. Ces dames, complétement vêtues de noir, avaient
la tête couverte d'un grand voile de crêpe de même couleur
retombant jusqu'à leurs pieds. Mme la comtesse de Mérode-
Westerloo, dame d'honneur de la Reine, n'avait pu se joindre
aux dames du palais, retenue qu'elle était par une assez grave
indisposition.

Des fauteuils avaient été préparés sur le devant de la tribune
royale pour le cas où le Roi et les princes se seraient rendus à
ce service. Ces fauteuils restèrent inoccupés.

Dès que les membres de la maison du ·Roi eurent pris place,
Mgr. le cardinal-archevêque de Malines revêtit les habits sa-
cerdotaux, pour célébrer le Saint-Sacrifice, et le service commença. S. E. avait pour assistants les vicaires généraux de la
cathédrale de Malines. Les six autres prélats avaient pris place
au centre du chœur en avant de l'autel. Tous avaient, ainsi que
S. E. le cardinal-archevêque, la mitre en tête et la crosse tenue
par un acolyte debout à côté de chacun d'eux.

Le service commença vers midi.

On sait tout le prestige, tout le grandiose des pompes du culte
catholique. Aucun autre n'exerce sur les esprits une impression
aussi profonde, et si l'on ajoute à cette impression habituelle les
douloureuses pensées qui préoccupaient tous les cœurs au souvenir de la princesse à jamais regrettable dont on voulait honorer la mémoire, l'effet de la lugubre décoration au milieu de
laquelle on se trouvait, celui des chants sacrés venant, en quelque sorte, expirer du jubé dans le chœur, le glas des cloches
qui continuaient à tinter, le canon qui tonnait de minute
en minute, si l'on se retrace tout cela, on se fera peut-être une
idée du recueillement, de l'émotion, de la muette tristesse de

cette foule qui se pressait dans le temple sacré! Des larmes coulaient de bien des yeux ; des sanglots étouffés s'échappaient de bien des poitrines. C'était là la première oraison funèbre, en attendant celle que le R. P. Dechamps, de la congrégation du St. Rédempteur, allait prononcer.

Après l'Évangile, l'éloquent apôtre du Christ vint rappeler les vertus de la Reine que la Belgique pleure. Une sorte de prie-Dieu formant tribune fut apporté au pied de l'autel et le R. P. Dechamps prononça alors son oraison funèbre, modèle d'éloquence religieuse et, en même temps, de haute raison politique.

Après cette oraison funèbre, S. E. le cardinal-archevêque continua la célébration du Saint-Sacrifice. Nous n'avons pas besoin de dire si tous les cœurs s'associèrent aux prières qu'il adressait au Ciel pour la Reine.

Le Saint-Sacrifice achevé, S. E. le cardinal-archevêque quitta la chasuble pour revêtir le pluvial et, suivi des six autres prélats, il se rendit, précédé de la Croix et avec tout le cérémonial du culte, sous le catafalque où devaient être données les cinq absoutes.

Mgr. l'archevêque de Tyr procéda le premier à cette cérémonie. Après lui, MMgrs. les évêques de Liége, de Tournai, de Namur, et enfin S. E. le cardinal-archevêque donnèrent l'absoute à leur tour.

Il était deux heures moins un quart lorsque les derniers chants des trépassés expirèrent sous la voûte sacrée. Le clergé reconduisit processionnellement les sept prélats, comme à l'arrivée, et la foule s'écoula, émue, recueillie, silencieuse, mais un peu consolée en songeant que si les malheureux ont ici-bas une bienfaitrice de moins, la Belgique a, au Ciel, un ange protecteur de plus !

Ce service funèbre avait amené à Bruxelles un grand concours de population. Parmi les étrangers de distinction ar-

Imp. des Beaux-Arts Passage ... Jouffroy 31.

UNE FILLE DE LAITIERS FERMIERS

rivés pour y assister, on remarquait le prince de Salm
le prince Pierre d'Arenberg et le prince de Rheina-Wolbeck.
Des points de la Belgique les plus éloignés, des familles en
tières étaient venues s'associer à cette grande manifestation.
Un fermier des environs d'Ardenne, que les bienfaits de la
Reine étaient souvent venus trouver au fond des terres qu'il
habitait, vint pleurer et prier avec tous ses enfants dans la
chapelle de Laeken et à Sainte-Gudule de Bruxelles.

Liége, Gand, Bruges, Anvers, Mons, Tournai, Namur
Louvain, Malines imitèrent Bruxelles et déployèrent beaucoup de pompe pour ces funèbres solennités. Voici ce qu'on
écrivait de Mons à la date du 25 octobre :

« C'est aujourd'hui qu'a eu lieu, dans notre ville, le service
funèbre ordonné par le mandement de Mgr. l'évêque de Tournai.
Toute la ville avait pris le deuil pour ce jour solennel. Les magasins étaient fermés, une foule de maisons tendues de noir.

L'église avait été décorée d'une manière splendide. Le grand
escalier de Sainte-Waudru qui, depuis dix ans, n'avait
encore servi à aucun usage avait été déblayé et disposé pour
permettre l'entrée par le grand portail. On pouvait, pour la
première fois, juger de l'effet de cette magnifique église dans
toute sa sombre profondeur.

La grande nef était réservée aux invités. On l'avait ornée de
tentures noires et blanches drapées dans le goût le plus sévère.
A chaque pilier était attaché un écu aux armes de la ville
alternant avec celles de la province, le tout surmonté de fais-
ceaux de drapeaux tricolores enveloppés de crêpes funèbres.
A la hauteur du transept s'élevait le catafalque ; une couronne
royale en or posée sur un coussin de velours noir et couverte
d'un long voile noir était adaptée au sommet. La draperie du
catafalque était parsemée de lions d'argent, le catafalque se
trouvait entouré d'une multitude de cierges et dominé par un
dais portant un immense diadème dont la croix d'argent allait

presque effleurer la voûte de l'édifice. Ce mausolée était d'un dessin correct et d'un aspect sévère. Sur les côtés, placés en face du haut et du bas de l'église, on avait peint les blasons réunis de Belgique et d'Orléans, soutenus par deux renommées. A chaque angle du catafalque, se tenait un prêtre en prières ; les degrés que gardaient des lions de dimensions colossales étaient occupés par les orphelins et les orphelines tenant un cierge armorié. Toute cette décoration de deuil qui s'harmoni sait si bien avec la douleur de tous et la sévère architecture du temple a fait honneur à l'architecte de la ville, M. Suys.

Dès neuf heures et demie, les nombreuses chapelles de la cathédrale étaient remplies de dames en grand deuil ; la garde civique et la troupe rangées autour de l'église ; le canon grondant de minute en minute, la grosse cloche de la tour du château remplissant l'air d'un lugubre bourdonnement. A dix heures, les autorités civiles et militaires vinrent se ranger dans la grande nef ; les bourgmestres et autres fonctionnaires des communes voisines se trouvaient parmi eux. Le chœur était occupé par le clergé de toutes les paroisses de la ville, venu processionnellement à la cathédrale, et par les vicaires et desservants des environs.

Les membres de plusieurs sociétés de chant, les ouvriers-élèves du cours populaire et les élèves de l'école de musique devaient, au nombre de 200, chanter la messe de *Requiem* de Chérubini, sous la direction de M. Denefve, l'habile président de la société *Roland de Lattre*. L'exécution fut admirable. Le *Libera* de sa composition, intercalé par M. Denefve dans la messe de Chérubini, ne dépara pas l'œuvre du maître.

L'office divin fut célébré par M. le vicaire-général Des-camps, du diocèse de Tournai, officiant pontificalement, et assisté de M. le doyen de Sainte-Waudru et de MM. les curés des différentes paroisses.

L'éloge funèbre de la Reine fut prononcé par le R. P. Dufau, de la Compagnie de Jésus, avec une onction, une éloquence sévère et élevée qui arrachèrent des larmes à l'auditoire. »

Voici quelques détails sur le service célébré dans la cathé drale de Tournai :

« Mgr. l'évêque officiait. Toutes les autorités civiles et militaires, convoquées à cette triste cérémonie, remplissaient le chœur, jusqu'au pied de l'autel où se trouvait dressé un catafalque, entouré des armes royales. Le collége échevinal et le conseil communal occupaient une partie de la nef.

On remarquait parmi les assistants M. Victor Savart, sénateur; MM Barthélemy Dumortier, Allard-Pecquereau, Visart de Bocarmé, membres de la Chambre des Représentants; M. Sacqueleu, commissaire d'arrondissement; M. du Bus aîné, président du tribunal de première instance; M. le général Ducorron; M. le colonel de Saint-Charles, commandant le 3ᵉ régiment d'artillerie; M. Duquesne, lieutenant-colonel, commandant la place de Tournai; M. Chauffaux, lieutenant-colonel, commandant la légion de la garde civique; M. Renard-Van Iseghem, président du tribunal de commerce, etc., etc., les officiers supérieurs de l'état-major de la garde civique, du génie militaire, de l'artillerie, du 2ᵉ chasseurs à cheval, du 2ᵉ chasseurs à pied et tout le personnel de l'administration des ponts et chaussées, de l'enregistrement et des domaines.

En dehors du chœur, des détachements considérables de troupes laissaient à peine un libre passage à la foule innombrable des fidèles qui encombraient l'église, jusqu'à l'extrémité de la place de l'Évêché.

A dix heures, le service divin a commencé et midi sonnait quand les derniers versets du psaume *De profundis* ont annoncé la fin de la cérémonie funèbre. Dans l'intervalle le canon de la citadelle, couvrant le glas des cloches de toutes les paroisses, rendait un suprême hommage aux cendres d'une

Reine chérie et vénérée. Les principaux magasins de la ville, partageant le deuil public, étaient fermés. »

Le service funèbre de la ville de Gand eut lieu le 22, dans la cathédrale de Saint-Bavon. Le catafalque était tendu de drap noir, frangé d'argent et semé de larmes. On avait placé au sommet, sur un coussin noir, le manteau royal en velours rouge, bordé d'hermine, surmonté d'une couronne avec un voile de deuil. La messe fut célébrée en plain-chant par les séminaristes. Le gouverneur civil de la province ; le bourgmestre et les échevins de Gand ; la Cour d'appel et le tribunal de première instance ; les professeurs de l'Université en toge ; les généraux Clump et Deys ; les officiers de la garde civique et de l'armée ; les employés des administrations publiques assistèrent à ce service funèbre.

A Bruges, à Namur, à Hasselt, à Arlon, cette cérémonie religieuse s'accomplit aussi avec pompe ; les plus petites communes du royaume eurent leurs prières pour cette Reine si regrettée. Parmi les établissements qui s'associèrent à cette manifestation religieuse, nous citerons le collège de la compagnie de Jésus, à Alost ; le pensionnat de Sainte-Marie de Thielt, où quatre-vingts élèves en deuil firent une communion générale au milieu des chants funèbres ; la Société royale de Saint-Sébastien d'Ypres, placée sous le patronage de S. A. R. le comte de Flandre ; la Société de Sainte-Barbe, à Bruxelles, dont la messe fut dite à Ixelles dans la nouvelle église de Saint-Boniface. A Andenne, tous les ouvriers et employés de l'établissement Pastor, Bertrand et Compe voulurent se rendre en corps au service religieux. Nous en pourrions dire autant des ouvriers de la papeterie Lammens et Comp à Craihem (Brabant) et de ceux de beaucoup d'établissements industriels.

A Calais (France) M. Dessain, consul de Belgique, fit célébrer un service à la mémoire de la Reine au milieu d'un grand concours de population. On en fit autant à Londres dans l'église catholique de Saint-Georges. Les regrets étaient unanimes et ne se bornèrent pas à la Belgique; tous les Belges habitant la France, l'Angleterre ou l'Allemagne se réunirent, se cotisèrent, pour faire célébrer des messes funèbres.

X

APPENDICE.

LETTRE DU ROI LÉOPOLD

A S. E. MGR. LE CARDINAL-ARCHEVÊQUE DE MALINES.

Ostende, 7 octobre 1850.

Monsieur le Cardinal,

La Reine est atteinte d'une grave maladie. Cette circonstance si douloureuse pour mon cœur afflige profondément le pays tout entier, qui voit en elle le modèle accompli des plus angéliques vertus. La Reine montre un courage digne de son noble caractère; elle mérite l'affection qu'on n'a cessé de lui témoigner. Il m'a été doux d'apprendre que des prières publiques avaient été ordonnées dans toutes les églises du pays pour le rétablissement d'une santé si précieuse. Je m'empresse, Monsieur le Cardinal, de vous en témoigner ma vive et sincère reconnaissance et vous prie d'agréer l'expression des sentiments affectueux que je vous porte.

LÉOPOLD.

ARTICLES PUBLIÉS PAR LES JOURNAUX ÉTRANGERS

A L'OCCASION DE LA MORT DE LA REINE.

EXTRAIT DE *L'OPINION PUBLIQUE.*

Une belle vie, une sainte mort, le deuil d'un peuple qui s'arrête comme glacé en recevant la triste nouvelle, ce cri qui s'élève partout et que les organes de la presse consignent comme l'expression du sentiment universel : « Nous avons perdu une bonne mère ! » c'est un spectacle douloureux, mais qui a ses consolations aussi grandes que ses enseignements. Pendant que les parents prient et pleurent, que la religion veille à côté de celle qui fut la Reine des Belges, pendant que le lit funèbre est encore dressé auprès de la tombe qui s'ouvre, la politique aussi peut parler, car elle n'est pas sans entrailles, comme le disent ceux qui ne savent pas ce qu'est la politique monarchique et chrétienne. Dans la chambre mortuaire où repose le corps de Louise de Bourbon d'Orléans, la politique pénètre aussi et ne refroidit rien ; elle se présente sous la forme d'un peuple pieux, les larmes dans les yeux, le crucifix à la main, elle s'agenouille dans la chapelle ardente, elle sanglotte, elle prie avec la mère qui a épuisé ses larmes, avec le mari, les enfants et les frères. A tous ces parents éplorés, elle dit : « Nous avons perdu une mère. »

Ah ! les servitudes des familles royales sont grandes, mais dans les jours où Dieu les visite par la douleur ou par la joie, cette servitude leur est payée. Leurs joies s'étendent à tout le peuple et le peuple prend comme un droit sa part dans leurs douleurs, entre comme chez lui dans la demeure du deuil, console cette famille qui lui appartient en lui répétant : « Dieu nous a tous frappés du même coup. »

La Providence a voulu que ce petit royaume de Belgique, placé à côté du foyer des révolutions modernes, donnât au monde tous les grands enseignements monarchiques pendant la crise révolutionnaire la plus intense que l'Europe ait subie depuis trois siècles.

Livrée successivement par l'absence de la loi salique à plusieurs dominations étrangères, la Belgique est le pays le plus récemment constitué d'une manière nationale à l'état de monarchie. L'histoire le citait pour sa turbulence ; le vieil esprit d'opposition y avait laissé un ferment qui s'agitait encore en s'éteignant. Il avait le bien, il le nourrissait mal, il ne l'appréciait pas. La République se dresse, frappe à sa porte. Comment se défendra cette jeune dynastie qui n'avait pas eu le temps de s'identifier à la vie nationale, qui n'était mêlée qu'à l'histoire d'une demi-génération, qui n'avait pour elle que l'excellence du principe monarchique, sans tradition pour l'appuyer s'il n'y en avait point par la miner ? Elle s'est défendue victorieusement par la seule force qu'elle possédât. Elle a montré le vide qu'elle laisserait en se retirant, et le pays, épouvanté à la vue de cet abime, l'a retenue. La monarchie a triomphé sans lutte, révélant à la fois sa puissance et sa bonté. L'alliance imparfaite, jusqu'alors, s'est consommée. La prospérité s'est développée à l'abri de l'ordre monarchique ; et au milieu des catastrophes lamentables dont l'Europe n'a cessé de retentir depuis trois années, on évitait de parler de la Belgique pour ne pas rendre plus cuisants, par la comparaison, les maux que la révolution fait souffrir.

Il fallait que cette démonstration fût complétée par le deuil qui s'étend à l'instant sur toute la Belgique lorsqu'est prononcé ce mot : « La Reine est morte ! » C'était une belle âme, une noble intelligence, un cœur simple et compatissant, un modèle de vertus, une femme aimable, aimée. A son chevet se pressent des enfants qui avaient encore besoin d'elle, des parents cruellement éprouvés. Mais tous les jours il meurt de saintes femmes, des mères qui laissent une mère pour les pleurer, qui à leur dernier soupir entendent leurs enfants crier : « Mon ange gardien remonte au ciel ! » Tous les jours la mort frappe à coups redoublés dans quelque noble famille, et les plus belles, les plus brillantes, les plus sympathiques, les plus utiles existences sont tranchées souvent par des coups affreux. Le peuple ne prend point le deuil pourtant. On ne voit point le crêpe s'étendre aux frontons des édifices privés, le commerce cesser la vente, les voitures disparaître des rues, et le silence se faire comme pour que la prière et les sanglots puissent s'entendre partout.

Pourquoi ce temps d'arrêt dans la vie de tout un peuple ? C'est que la femme qui vient de mourir est la Reine ; c'est que ses vertus et sa sagesse, si elles n'avaient à s'exercer que dans le cercle de la famille, n'en étaient pas moins la propriété du peuple tout entier, qui en ressentait la bienfaisante influence ; c'est que les familles royales sont mêlées à la vie des peuples si indissolublement qu'elles ne peuvent perdre un de leurs membres sans que chaque famille du peuple se sente atteinte.

Politiques orgueilleux et insensibles, qui vous révoltez quand vous entendez un roi dire : Mon peuple ! allez demander le sens de ce mot, aussi doux que vrai, aux Belges qui vous l'apprendront auprès du cercueil de leur Reine.

EXTRAIT DU JOURNAL *LE SIÈCLE.*

Bonne, affectueuse, exempte de toute morgue princière, opposant aux chagrins domestiques une douce résignation, à défaut de souvenirs de grandeur, la Reine des Belges laissera des souvenirs de bienfaisance et d'aménité. Elle était à la tête de toutes les souscriptions, de toutes les œuvres qui avaient pour but de secourir la misère. Lorsqu'elle visita, le 1er octobre 1847, l'exposition de l'industrie belge, on remarqua qu'elle examinait avec un soin tout particulier des couvertures à bas prix, destinées à la consommation des classes laborieuses. Toutes les fois qu'un suppliant s'adressait à elle, il était sûr d'une réponse toujours favorable. Un ouvrier nommé Goossens, père et seul appui d'une famille nombreuse, avait été condamné à trois mois de prison pour coups portés dans un moment d'ivresse. Il avait en vain sollicité sa grâce à plusieurs reprises. Le 2 janvier 1844, un membre du conseil communal fit parvenir à la Reine, par l'intermédiaire d'une dame du palais, une nouvelle requête en faveur du détenu. La pétition fut remise à dix heures du matin ; à trois heures Goossens était en liberté.

Le 10 mai 1847, la Reine avait failli être victime d'un accident : elle venait de reconduire jusqu'à Verviers le roi Léopold, qui se rendait à Cologne, quand le convoi qui la ramenait heurta, près de la station d'Ans, celui qui arrivait de Bruxelles. Le choc fut terrible. Plusieurs voyageurs, entre autres les généraux Chazal et d'Hane de Steenhuysen, furent blessés ou contusionnés. La berline de la Reine fut effondrée; de l'argenterie, un châle, des livres, qui se trouvaient auprès d'elle, furent plus ou moins endommagés, sans qu'elle reçût la moindre blessure. On pouvait regarder ce salut providentiel comme une sorte de garantie pour la conservation de ses jours; mais la Reine des Belges devait bientôt voir s'ouvrir pour elle la tombe où sa sœur et son frère aîné l'avaient déjà précédée. Atteinte d'une de ces maladies auxquelles la médecine n'oppose que d'impuissants palliatifs, elle languissait depuis dix-huit mois, lorsque la mort de Louis-Philippe vint porter à son cœur un coup fatal qui réagit cruellement sur sa santé ébranlée. A partir de cette époque, elle ne se releva plus.

EXTRAIT DU JOURNAL *L'UNIVERS.*

Les journaux belges portent encore le deuil de leur pieuse Reine. Les Belges s'honorent par la vénération dont ils entourent les restes mortels d'une sainte femme. Qui peut se défendre d'un sentiment de profond respect pour la nation qui se prosterne pleine de regrets, de reconnaissance et de piété devant le cercueil de sa Reine, parce que cette Reine fut sur le trône une digne fille de St.-Louis? Cela fait du bien comme toute belle et grande chose. Non-seulement la Belgique agissant ainsi se fait estimer, mais l'humanité même en paraît meilleure.

Il faut convenir que la Belgique nous donne un autre exemple et fait paraître une haute intelligence sur ce qu'il faut honorer en ce monde. Elle a la gloire unique en ce moment de rendre un hommage public, solennel, unanime à la vertu. Honneur à cet excellent et sage peuple qui exprime avec une sincérité si touchante sa double fidélité religieuse et politique, car le tombeau qu'il arrose de ses larmes renferme tout à la fois la Reine dont il a connu la bonté et la chrétienne dont il a connu la piété!

EXTRAIT DE *LA REVUE DES DEUX MONDES.*

La mort de la reine des Belges ne saurait être pour nous un événement étranger; elle nous frappe comme un deuil national. La reine Louise, assise sur un trône à peine élevé au lendemain d'une révolution, n'avait pas peu contribué à le raffermir en y donnant l'exemple d'une vie pleine de vertus. Sa douce et modeste influence s'était associée à la sagesse consommée du prince dont elle était devenue l'épouse, pour attacher le peuple belge à la jeune dynastie ; elle avait été la grâce de cette monarchie naissante.

On lui sentait pourtant une secrète langueur cachée jusque sous sa bonté, on devinait jusque sous ses prospérités ce fond de tristesse résignée auquel on reconnaît quelquefois les nobles existences qui doivent finir trop tôt ; mais le voile mélancolique jeté sur sa destinée la rendait plus intéressante, et cette compatissance respectueuse, qu'il est si bon pour les grands d'inspirer aux petits, ajoutait à l'affection populaire dont elle était entourée. Au sein de sa nouvelle famille et de sa nouvelle patrie, la Reine Louise restait encore l'un des plus précieux ornements de la maison qui régnait sur la France ; elle était l'un des liens les plus puissants de cette famille si unie, elle en partageait toujours les anxiétés ou les joies.

Le chagrin si amer qui a visité la demeure royale attriste la Belgique entière au moment où elle sortait des fêtes qui ont honoré le vingtième anniversaire de sa nationalité.

———

EXTRAIT DU *JOURNAL DES DÉBATS.*

Nous avons reçu aujourd'hui la nouvelle d'un événement funeste qui frappe cruellement la Belgique et qui ravive les afflictions de la maison d'Orléans, déjà si cruellement éprouvée depuis plus de deux ans par toutes les vicissitudes du sort.

Hier, à huit heures dix minutes du matin, la reine Louise a rendu à Dieu son âme pieuse et résignée au milieu des larmes et des prières de sa famille, agenouillée autour de son lit de mort.

Si la profonde sympathie de tout un peuple qui se sent frappé avec elle peut adoucir l'amertume des regrets de la famille royale, les preuves d'attachement, le témoignage du deuil général qui ont éclaté de toutes parts à mesure que la triste nouvelle s'est répandue dans le pays, ont dû calmer un peu la vivacité d'une affliction si légitime. Bien que ce malheur ne fût que trop prévu, bien que les prières ardentes qui s'élevaient du cœur de tous pour demander au Ciel la conservation des jours de la Reine eussent dû préparer la nation à la perte qu'elle vient de faire, on dirait, à voir les nouvelles qui nous arrivent, que la Belgique a soudainement ressenti les atteintes d'une catastrophe inattendue. A Ostende, à Bruges, à Courtrai, à Bruxelles, partout les boutiques et les maisons se sont fermées spontanément, la circulation des voitures a cessé tout à coup comme si l'ordre en eût été donné ; on n'a plus rencontré dans les rues que des populations silencieuses et affligées qui se rendaient aux églises pour y prier.

La Belgique tout entière s'associe à l'inconsolable douleur de son Roi. Sur ses pressantes instances, la reine Marie-Amélie et le duc de Nemours lui ont promis de ne pas l'abandonner dans cette cruelle épreuve : ils resteront auprès de lui jusqu'après les funérailles de la reine Louise. Dans son héroïque et chrétienne résignation, la reine Marie-Amélie a su trouver encore des forces pour soutenir l'accablement des siens. Noble femme, sainte et courageuse mère dont la modestie semblait fuir la splendeur du trône et dont la majesté éclate d'une manière si merveilleuse au milieu des plus poignantes adversités!

EXTRAIT DU *SALUT PUBLIC* DE LYON.

La mort de la Reine des Belges rend plus frappant encore ce que nous disions dernièrement de la famille d'Orléans, en parlant de la mort de Louis-Philippe.

Chaque malheur qui atteint cette famille fait jaillir de son sein une lumière éclatante qui la montre au pays ce qu'elle est et ce qu'elle vaut. Avant le 24 février, avant que la profanation insolente ne pénétrât dans les plus secrètes pensées de la famille royale, avant que des mains audacieuses ne jetassent au vent d'une publicité malveillante les feuilles qui portaient l'expression des plus intimes sentiments, on ne voulait pas croire tout ce qu'il y avait de noblesse et de pureté autour de ce trône tant insulté. Avant que la mort n'eût frappé Louis-Philippe et la Reine Louise, douloureuses conséquences d'un fatal exil, on ne soupçonnait pas ce que l'union donnerait de force à ce groupe de princes et de princesses serrés autour de la Reine Amelie comme des naufragés autour d'une arche de salut.

Quant à ceux qui doutent de la grandeur que la souffrance donne, de la popularité que le malheur crée et de la justice que le peuple sait rendre, nous nous contenterons de montrer la France républicaine fière de revendiquer comme une de ses filles bien-aimées cette Reine que la Belgique pleure en ce moment.

DESCRIPTION

DES PRÉPARATIFS FAITS A L'EGLISE DE SAINTE-GUDULE DE BRUXELLES POUR LE SERVICE FUNÈBRE A LA MÉMOIRE DE LA REINE.

Jusqu'à présent, pour obéir aux dernières volontés de la Reine, pour respecter la modestie de son caractère angélique, tous les honneurs funèbres qui lui ont été rendus ont eu un caractère de simplicité extrême. Tout s'est borné à peu près à quelques tentures noires dans la petite église de Laeken. Mais à Sainte-Gudule, c'est la nation qui rend à sa souveraine les derniers honneurs et elle les rend avec une pompe digne de la Majesté royale.

La décoration de l'extérieur de l'église est confiée à M. Poelaert; celle de l'intérieur à M. Léon Suys. Ces deux architectes ont rivalisé de goût, et le résultat de leurs travaux sera d'une beauté sévère et aura un grand caractère de religieuse douleur.

On arrivera à l'eglise par la rue d'Assaut, entièrement décorée de tentures noires. Cette décoration se fera avec ou sans le concours des habitants, selon les dispositions de chacun d'eux.

A l'extrémité de la rue d'Assaut, devant l'église, deux mâts porteront deux grands étendards noirs semés d'étoiles et de lions d'argent.

Les murs qui forment la rampe du bel escalier de trente-neuf marches, par lequel on arrive au portail, ainsi que le parapet des paliers et de la terrasse, seront entièrement revêtus de draperies noires, semées d'étoiles et de lions d'argent, et recouverts d'un couronnement qui leur donnera la forme de sarcophage.

A chaque palier, le mur en terrasse supportera deux grands vases symétriques dans lesquels brûleront des flammes funèbres. Les deux vases du palier supérieur seront de plus grande dimension que les autres.

Aux deux angles du palier supérieur, deux mâts porteront deux etendards de deuil semblables à ceux de l'entrée de la place.

La façade gothique de l'église de Sainte-Gudule se divise en trois zones : dans celle du bas sont le portail du milieu et les deux portes. Cette zone sera entièrement revêtue d'une tenture noire.

Les quatre contreforts qui s'élèvent jusqu'au sommet de l'édifice et le divisent en trois parties, seront en outre revêtus de tentures noires, jusqu'au milieu de la seconde zone qui contient la grande fenêtre ogivale à meneaux dont le vitrail représente le jugement dernier.

Le portail du milieu sera masqué par un portail ogival, formé d'ornements de deuil, et qui s'élevera jusqu'à la hauteur de la feuille de chou qui termine le sommet du portail de pierre. Une double portière en drap noir, semée d'étoiles et de lions d'argent, retombera devant la grande porte.

Au sommet de l'ogive du portail sera placée une couronne royale voilée d'un long crêpe.

Les deux portes latérales recevront une décoration analogue.

Au-dessous du cadran sera suspendu un grand étendard qui retombera jusqu'à la couronne royale du portail et masquera entièrement la grande fenêtre du milieu.

Cet étendard, en drap noir, portera, au centre, les armoiries royales avec l'écusson aux armes du Roi parti de l'écusson aux armes d'Orléans.

Au-dessus des armoiries une inscription portera :

LOUISE-MARIE D'ORLÉANS,

et au-dessous ·

REINE DES BELGES.

Les deux grandes ogives, dans chacune desquelles se trouvent des croisées à meneaux et qui occupent l'entre-deux des contreforts à droite et à gauche de la grande fenêtre, seront également masquées par deux grands étendards de même longueur que celui du milieu, mais nécessairement plus étroits. Ces éten-dards seront rayés verticalement de bandes noires et de bandes d'argent. Au centre de celui de gauche, on lira l'inscription

NÉE A PALERME,

au centre de celui de droite, celle :

MORTE A OSTENDE.

Enfin, au sommet des tours flotteront deux immenses étendards semés d'étoi-les et de lions d'argent.

Cette décoration funèbre aura réellement un aspect grandiose et lugubre. On devait également décorer le portail latéral qui donne sur la plaine de Sainte-Gudule et que l'on aurait consacré à l'entrée du Roi. Mais on a renoncé à cette idée, parce que, par mesure d'ordre et de sécurité, on a décidé que ce portail resterait fermé.

L'aspect de l'église à l'intérieur est magnifiquement lugubre. Depuis le porche intérieur placé sous l'orgue, derrière le grand portail, jusqu'au fond de l'abside, depuis le pavé jusqu'au-dessus de la galerie à ogives, qui régne tout autour de l'église au-dessus des grands arceaux à ogives, séparant la grande nef des bas côtés, l'église est entièrement revêtue d'une tenture noire.

Les piliers sont enveloppés d'une tenture noire. Les colonnettes de la galerie sont revêtues de noir, ainsi que le mur du fond de cette galerie. On n'a laissé à découvert que les saillies des arcs en ogive de chaque travée, les chapiteaux des colonnes et les statues placées devant chaque pilier. Ces ornements blancs laissés sur ce fond noir augmentent encore, s'il est possible, la tristesse de l'aspect géné-ral, et constituent cependant une décoration d'une grande richesse.

Les travées du chœur sont en outre voilées par d'immenses rideaux noirs, se-més d'étoiles et de lions d'argent, descendant jusqu'au pavé et relevés contre les piliers à des patères d'argent par des torsades noir et argent.

Toutes les fenêtres seront masquées par des étoffes noires, sauf celles qui s'é-lancent de dessus les tribunes jusqu'à la voûte.

Dans le chœur comme dans l'église, on a laissé à découvert les chapiteaux, les nervures, les rinceaux et tous les ornements de l'architecture.

Le pavé du chœur est exhaussé par un plancher jusqu'à la hauteur de la der-nière marche du maître autel.

La grille qui sépare le chœur a été enlevée, et un plancher en amphithéâtre, plus élevé que celui du chœur, régne circulairement dans ces bas côtés. C'est là que seront placées pendant le service funèbre les autorités invitées à cette céré-monie.

Le chœur tout entier restera réservé au clergé officiant qui sera très-nombreux. Il sera composé de cent cinquante prêtres de tous les degrés de la hiérarchie sa-cerdotale. C'est S. E. le cardinal archevêque qui officiera. Il sera assisté par les cinq évêques du royaume.

L'autel recevra une décoration de tentures noires et de candélabres qui lui rendra la hauteur que lui fait perdre l'exhaussement du pavé.

Au centre de la croisée du transept et de la nef s'élève le catafalque Ce catafalque, magnifiquement composé, est d'un aspect fort imposant.

Le sarcophage est placé sous une sorte de dais gigantesque, quadrangulaire, orné de draperies, de lambrequins et d'ornements funèbres. Les quatre faces de ce dais sont pareilles; il suffira de décrire l'une d'elles.

Les montants du dais portent au milieu une figure d'ange, au-dessus et au-dessous de laquelle règne un cordon vertical d'écussons aux armes de toutes les villes de la Belgique. Chacun des festons du lambrequin porte alternativement un L et un M d'argent.

Au-dessus du lambrequin règne un couronnement au centre duquel est placée la couronne royale, voilée de crêpe.

Le dais est surmonté par une pyramide fort élevée, posée sur un socle cubique, pose lui-même sur l'entablement. Chaque face du socle est occupée par un bas-relief. Celui qui fait face à la porte d'entrée représente également des sujets allégoriques.

La pyramide est un mélange très-habilement composé d'urnes funéraires, d'ornements de deuil et de candélabres couverts de cierges.

MANDEMENTS
DES ÉVÊQUES DE BELGIQUE.

MANDEMENT DE S. E. LE CARDINAL-ARCHEVÊQUE DE MALINES.

ENGELBERT STERCKX, par la miséricorde de Dieu, cardinal-prêtre de la Sainte Église romaine, du titre de Saint-Barthélemy en l'Ile, archevêque de Malines, primat de la Belgique, grand-cordon de l'ordre de Léopold, etc.

Au Clergé et aux Fidèles de notre diocèse,

SALUT ET BÉNÉDICTION EN NOTRE-SEIGNEUR.

Nos très-chers diocésains,

Un grand malheur vient de frapper S. M., notre auguste Souverain, ses chers enfants, sa famille et la Belgique entière. S. M. LOUISE-MARIE-THÉRÈSE-CHARLOTTE-ISABELLE D'ORLÉANS, NOTRE REINE VÉNÉRÉE, est morte à Ostende, le 11 de ce mois, à l'âge de 38 ans.

Dès que vous avez appris que cette auguste Princesse était atteinte d'une maladie grave, vous avez adressé à Dieu les plus ferventes prières pour sa guérison. Vous avez fait éclater vos sentiments d'amour et de vénération en vous portant en foule dans nos temples, et vous avez supplié Dieu de conserver une vie si précieuse ; car vous désiriez avec raison qu'elle fût aussi longue qu'elle a été remplie de vertus et de bonnes œuvres.

Cet élan spontané a si vivement touché le cœur affligé de notre auguste Souverain, que Sa Majesté nous en a exprimé sa reconnaissance par une lettre qu'Elle a daigné Nous écrire de sa propre main, et dont le copie est jointe à notre présent mandement.

Cependant le suprême Arbitre de la vie et de la mort n'a pas jugé bon d'exaucer nos vœux, et nous devons nous soumettre avec résignation.

Si nos prières n'ont pas eu tout l'effet désiré, si elles n'ont pu sauver une vie qui nous était chère à tant de titres, nous avons du moins donné une preuve publique de notre attachement à la digne compagne de notre sage Monarque ; nous avons rendu un juste hommage aux éminentes qualités d'une Reine qui était l'exemple de toutes les vertus ; nous l'avons aidée à supporter avec courage les peines de sa maladie et les angoisses du trépas ; nous avons contribué à la rendre plus digne de la récompense des justes.

Nous venons aujourd'hui, N. T. C. D., vous demander une nouvelle preuve d'amour, un nouveau témoignage d'attachement pour votre Reine bien-aimée. C'est que, non contents de voir rendre à ses restes mortels les honneurs de la sépulture, vous contribuiez aussi à son âme la jouissance du bonheur céleste. En effet, malgré sa vie exemplaire, malgré sa grande résignation à la volonté de Dieu, malgré la fermeté et la patience qu'elle a montrées pendant sa maladie, malgré la vertu surnaturelle des saints sacrements qu'elle a reçus avec une si tendre dévotion, il est possible qu'elle n'eût pas encore entièrement satisfait à la Justice divine qui nous demandera compte *de toute parole oiseuse.* (Matth. 12.)

Réunissez-vous donc de nouveau dans nos temples, N. T. C. D.; assistez avec piété aux offices funèbres qui y seront célébrés pour le repos de son âme. Ajoutez-y des prières particulières, des communions, des aumônes et autres bonnes œuvres ; car, si *c'est une sainte et salutaire pensée,* comme il est dit dans le *livre des Machabées, de prier pour les trépassés,* afin qu'ils soient délivrés des peines dues pour leurs péchés ; si la charité nous fait même une obligation de prier pour les morts, comment pourrions-nous refuser le secours de nos prières à une Princesse qui a tant de titres à notre reconnaissance ?

A ces causes nous ordonnons ce qui suit :

I. Il sera célebré, le premier jour libre, dans toutes les églises de notre diocèse, un service solennel pour le repos de l'âme de feu *Sa Majesté Louise-Marie-Thérèse-Charlotte-Isabelle d'Orléans, Reine des Belges.*

Dans les villes, le clergé de toutes les églises ainsi que les autorités civiles sont invités à assister au service qui sera célébré à l'église principale. Nous célébrerons nous-mêmes ce service dans notre église métropolitaine.

II. Nous recommandons à tous les prêtres de célébrer une messe, ou de réciter l'office des morts pour l'illustre défunte, et de faire souvent sa mémoire dans leurs saints sacrifices.

III. Nous exhortons les communautés religieuses à faire célébrer une messe ou à faire une communion générale à la même fin.

IV. Sera notre présent mandement lu en chaire le dimanche qui précédera le service.

Donné à Malines, sous notre seing, notre sceau et le contre-seing de notre secrétaire, le 13 octobre 1850.

L. ☦ S.   ENGELBERT, *Card.-Arch.* de Malines.

Par mandement de Son Eminence le Cardinal-Archevêque.

A. GENNERÉ, *secrétaire.*

———

MANDEMENT DE MONSEIGNEUR L'ÉVÊQUE DE GAND.

Quand nous vous demandions, il y a peu de jours encore, d'unir vos prières aux nôtres pour la conservation de notre Reine bien-aimée, nous étions sans doute pénétrés de douleur et de crainte; mais il nous était permis d'espérer encore. Le Seigneur qui *frappe et guérit, qui conduit au tombeau et en ramène* [*], est aussi le Dieu qui nous a promis de ne rien refuser à nos prières; pouvions-nous donc ne pas espérer de voir nos vœux exaucés, à la vue de tout un peuple prosterné aux pieds des saints autels, n'ayant cette fois qu'un cœur et qu'une âme, pour obtenir du Ciel la guérison d'une Souveraine vénérée? Notre espoir, hélas! fut de courte durée. La voix joyeuse des fêtes se taisait à peine dans une ville voisine, quand un cri lugubre, ce même cri qui retentit autrefois à la mort d'une autre princesse d'Orléans: La Reine se meurt! la Reine est morte! frappa tout le royaume, comme un coup de foudre, d'effroi et de consternation.

Elle nous est donc enlevée cette princesse si chérie et si digne de l'être! elle s'est endormie paisiblement dans le baiser du Seigneur; mais qui consolera sa royale famille et ce bon peuple qui était sa famille aussi, d'une perte si cruelle? Hélas! ces hommages que nos cœurs s'empressaient de lui rendre et qu'elle accueillait toujours avec une grâce si touchante, finissent aujourd'hui par celui de nos pleurs et de nos regrets!

C'est ici, N. T. C. F., une calamité nationale; mais c'est en même temps une calamité domestique qui frappe chaque société, chaque famille et chaque Belge digne de ce nom : *Et domi mors similis est*, comme parle le prophète [**]. Saint Ambroise, qui décrit le deuil de l'empire à la mort du jeune Valérien, semble

[*] 1. Reg. II. 6.
[**] Jer. Threni, I. 20.

peindre notre désolation : « Payons tous à ce bon prince, dit-il, le tribut de nos larmes; mais il n'est pas nécessaire de vous y exhorter. Tous le pleurent; les étrangers et ceux-là même qui paraissaient les ennemis de sa maison, le pleurent comme un père commun et gémissent de sa mort comme d'un malheur domestique...; et notre Jérusalem, c'est-à-dire l'Église catholique, ne cesse de pleurer pendant la nuit, parce qu'il n'est plus, celui qui ajoutait à sa splendeur par la vivacité de sa foi : *Quoniam qui eam splendidiorem suâ fide faciebat, occubuit* [*]. »

Et comment vous décrire les vertus royales et chrétiennes qu'avait nourries cette foi sainte dans le cœur de notre pieuse Reine? Comment vous dépeindre cet ange de vertu et de paix, qui veillait près du trône et répandait partout la bonne odeur de Jésus-Christ? Cet éloge, que fait la sainte Écriture de cette femme forte qui délivra Béthulie, ne s'applique-t-il pas littéralement à notre vertueuse Princesse : « Tous admiraient sa vertu, et ils se disaient l'un à l'autre : la terre ne possède plus de femme semblable. *Mirabantur sapientiam ejus et dicebant alter ad alterum: non est talis mulier super terram* [**]? »

Digne fille de la pieuse Marie-Amélie, que l'Europe ne nomme qu'avec respect, elle brilla dès sa jeunesse par son amour filial, par une douceur inaltérable et une piété tendre autant qu'active. Devenue bientôt la compagne de notre Roi bien-aimé et un gage de bonheur pour la Belgique renaissante, elle se montra toujours le modèle des reines. Quel respectueux amour pour son royal époux! Quels soins pour l'éducation de ses nobles enfants et quel zèle surtout pour leur inculquer des principes de religion et de piété! Quel dévouement à sa patrie adoptive! Sa charité était réellement inépuisable, et, comme elle savait que l'homme ne vit pas seulement de pain, elle établit dès son arrivée parmi nous ces écoles de charité, où l'instruction religieuse prime tout autre enseignement [***] Une humilité peu commune dans tous les rangs, mais rare surtout sous l'éclat du diadème, sanctifiait tant de vertus.

Pour les purifier davantage encore, le Seigneur éprouva la pieuse Reine comme l'or dans la fournaise, d'abord par la perte si douloureuse d'une sœur et d'un frère chéris. ensuite par les attentats sans cesse renouvelés contre la vie de son auguste père, par les ennemis de toute autorité, et plus tard par la chute et l'exil, dont la France paya les nombreux bienfaits de sa famille. Louise-Marie puisa dans la religion un soulagement à tant de maux et parut, comme ce patriarche, trouver sa consolation à se soumettre aux ordres sévères du Tout-Puissant [****].

---

[*] Une de ces écoles est confiée aux dignes Sœurs de Saint-Vincent de Paule de Gyseghem : elle est établie à Bruxelles, rue Haute, et fréquentée par 300 jeunes filles pauvres.

[**] *Hæc mihi sit consolatio ut... non contradicam sermonibus Sancti.* J. VI.

[***] S. Ambros. In obitu Valer. III. IV. V.

[****] Judith, XI. 18 et 19.

Mais sa constitution ne répondait pas à la force de son âme ; elle ne résista pas à tant de cruelles secousses, et une mort sainte comme sa vie l'enlève trop tôt à notre amour.

Prions M. C. F., pour notre Roi bien-aimé, que Dieu seul peut consoler dans une douleur si poignante ; prions pour ces jeunes princes, l'espoir de la patrie, afin qu'ils soient toujours dignes de leur vertueuse mère ; et comme les jugements de Dieu sont impénétrables, prions encore pour Louise-Marie, afin qu'elle soit bientôt réunie *à ces âmes sans tache qui sont devant le trône de Dieu* [*].

A ces causes, nous avons ordonné et ordonnons :

1° Un service solennel, pour le repos de l'âme de S. M. la Reine, sera célébré le 21 ou le 22 de ce mois dans l'église principale de toutes les villes et communes de notre diocèse. Tout le clergé y assistera, et on y invitera les autorités civiles et militaires.

Ce service aura lieu à Gand dans l'église cathédrale, le 21, à 10 heures 1/2. Nous y officierons pontificalement. Une messe sera dite dans les autres églises paroissiales à la même heure. Les vigiles seront chantées la veille, à 3 heures.

2° On sonnera les cloches de toutes les églises : 1° la veille, à 6 heures ; 2° une heure avant le service ; 3° à midi et à 6 heures du soir.

3° Nous prions tous les prêtres du diocèse de célébrer une messe ou de réciter l'office des morts pour l'auguste défunte. Nous prions également les communautés religieuses de faire célébrer une messe dans leur chapelle, ou de faire une communion générale à la même intention.

Et sera notre présent mandement lu au prône le dimanche, 20 octobre.

Donné à Gand, le 14 octobre 1850.

† LOUIS-JOSEPH, évêque de Gand.

Par mandement de Monseigneur l'Évêque,

F. SAUDAN, chan.-secrét.

MANDEMENT DE MONSEIGNEUR L'ÉVÊQUE DE TOURNAI.

Nos très-chers frères,

Nous étions au moment d'ordonner des prières publiques pour la conservation des jours précieux de notre Reine bien-aimée, lorsque la fatale nouvelle de sa mort est venue nous imposer d'autres devoirs.

C'est le 11 de ce mois, à 8 heures du matin, qu'il a plu à la divine Providence de retirer de ce monde Sa Majesté LOUISE-MARIE-THÉRÈSE-CHARLOTTE-ISABELLE, REINE DES BELGES, âgée seulement de 38 ans. Dès la veille elle avait

[*] Apocal. XIV 5.

eu le bonheur de recevoir les derniers sacrements dans les sentiments de la foi la plus vive, de la dévotion la plus tendre, et en faisant à Dieu, avec une résignation parfaite, le sacrifice de sa vie.

Sa carrière a été courte, mais ses jours ont été pleins de mérites. A l'exemple de notre divin Sauveur, elle a passé en faisant le bien. Que dirons-nous, N. T.-C. F., des qualités éminentes qui ornaient son âme, des vertus héroïques dont elle a donné l'exemple, de la piété solide et éclairée qui l'animait, de son amour pour la religion, de la sollicitude avec laquelle elle préparait ses enfants à faire un jour la gloire et le bonheur de la Belgique, de son empressement à soulager toutes les souffrances, à pourvoir à tous les besoins, avec une magnifi cence royale et une humilité vraiment chrétienne? Son éloge est aujourd'hui sur toutes les lèvres; jamais souveraine ne fut honorée par un concert plus unanime et plus imposant de louanges, ni par des regrets plus universels. Tous pleurent en elle le modèle accompli des épouses et des mères chrétiennes, l'Ange tutélaire de la Belgique. Aussi, n'en doutons pas, si ses grandeurs sont descendues avec elle dans la tombe, sa mémoire du moins, comme celle du juste, vivra éternel lement : l'amour et la reconnaissance lui éleveront un monument impérissable dans le cœur de tous les Belges.

Mais, N. T.-C. F , que ces sentiments ne soient pas stériles et vains pour celle que nous pleurons. Nous avons sans doute tout lieu de croire que déjà elle veille sur nous du haut du Ciel, puisque sa mort a été pure et sainte comme sa vie. Cependant, les décrets de Dieu sont impénétrables; unissons donc nos supplications à nos larmes, afin que, purifiée des restes de la fragilité humaine, si elle en avait à expier, elle puisse jouir au plus tôt de la récompense éternelle qui couronnera ses mérites.

A ces causes, nous ordonnons ce qui suit :

1° Le lundi, 21 du présent mois, il sera chanté, à dix heures, un service solennel en notre église cathédrale, auquel seront invitées les autorités civiles et militaires. Tout le clergé de la ville y assistera.

2° La même cérémonie aura lieu dans toutes les églises paroissiales de notre diocèse dans le courant de la semaine prochaine. Les autorités locales y seront invitées spécialement par MM. les curés.

Dans les villes de Mons, Ath et Charleroi, ce service sera célébré en premier lieu dans l'église principale, et le clergé des autres paroisses y assistera

3° Pendant un mois, à dater de la réception du présent mandement, tous les prêtres ajouteront à la messe, quand les rubriques le permettront, la collecte *Pro defunctâ.*

4° Nous invitons toutes les communautés religieuses à unir leurs prières à celles du clergé et des fidèles, et à faire une communion particulière pour le repos de l'âme de S. M. la Reine.

Et sera notre présent mandement publié dans toutes les églises de notre diocèse, le dimanche après sa réception.

Donné à Tournai, sous notre seing, notre sceau et le contre-seing de notre secrétaire, le 15 octobre 1850.

† **GASPARD-JOSEPH,** *évêque de Tournai.*

Par ordonnance,

A. J. GILLY, *secrétaire.*

P. S. A dater de la réception du présent mandement, on cessera définitivement de réciter la collecte *Pro Papâ* ; mais l'oraison *Pro quâcunque necessitate* est maintenue jusqu'à nouvelle disposition de notre part.

MANDEMENT DE MONSEIGNEUR L'ÉVÊQUE DE LIÉGE.

Nos très-chers frères,

L'arbitre souverain de la vie des hommes vient de disposer des jours de Louise-Marie-d'Orléans, notre auguste et bien-aimée Reine, décédée, à Ostende, le 11 octobre, peu après huit heures du matin.

Cette mort plonge la nation entière dans le deuil. Partout éclate la douleur. Chaque famille se croit frappée dans l'un de ses membres, tant est profond l'attachement respectueux et filial que portaient tous les Belges à celle dont la vie entière était l'expression la plus élevée de leurs croyances, et qu'ils considéraient à bon droit comme l'ange tutélaire, placé par la divine Providence sur le trône à côté du Roi. O profondeur des conseils de Dieu ! Comment cette vertueuse Reine, envoyée aux jours du danger pour être avec son royal époux le salut du pays, a-t-elle été enlevée à notre amour au moment même où sa présence paraissait encore si nécessaire? Inclinons-nous devant ces décrets mystérieux du Roi des rois ; humilions-nous, selon l'avis du prince des Apôtres, sous sa main toute-puissante ; puis, avec le père des croyants, osons espérer, en quelque sorte contre l'espérance, que le Tout-Puissant saura tirer de cette grande calamité de nouveaux trésors de miséricorde pour la Belgique.

Elle aura sans doute été mûre pour le Ciel, celle que peut-être le monde n'était plus digne de posséder ; elle aura passé avec un si héroïque courage *par la grande tribulation* de la vie, que l'Agneau l'aura jugée digne d'être dès à present placée au pied de son trône, afin qu'elle lui offre sans cesse des vœux plus ardents et des prières plus efficaces pour le Roi, pour la nation, pour ses enfants chéris et pour la conservation des sentiments profondément religieux qu'elle a su leur inspirer ; à l'instar de tant de pieux rois et de saintes princesses, elle n'aura cessé d'être sur la terre la Reine des Belges, que pour devenir dans le ciel leur protectrice et leur soutien.

Consolons-nous par ces douces espérances ; elles sont justifiées par une vie passée dans l'accomplissement de tous les devoirs de fille, d'épouse, de mère, de Reine et de femme chrétienne ; par la pratique de toutes les vertus, par la participation à toutes sortes de bonnes œuvres, et par une mort aussi édifiante, aussi sainte que l'avait été sa vie.

Cependant les décrets de la justice de Dieu sont un secret non moins impénetrable à notre faible intelligence, que les richesses de sa grâce sont inestimables. Remplissons donc, T.-C.-F. envers notre bonne et bien-aimée Reine, le devoir que la religion nous impose. Prions pour elle. Ne nous contentons pas d'assister pieusement aux obsèques solennelles qui vont être prescrites ; continuons de prier.

Vous surtout, pères et mères, priez et apprenez à vos enfants à prier tous les jours pour l'incomparable Reine des Belges ; que cette prière journalière soit pour elle comme un monument de reconnaissance élevé dans tous les cœurs, un souvenir de toutes les vertus dont elle a été un modèle, et un encouragement pour vos enfants, pour vos filles surtout, à marcher constamment sur ses traces. Ah ! puissent la foi vive, l'ardente charité, la piété tendre et éclairée, la douceur angélique, la patience dans le malheur, l'abnégation de soi et l'esprit de dévouement de LOUISE-MARIE devenir comme un legs précieux, qui se transmette de génération en génération pour le bonheur de toutes nos familles !

A cette prière pour la Reine que la mort nous a ravie, ajoutez une prière pour le Roi, pour la conservation de ses jours précieux ; une prière pour les princes et la princesse, afin qu'héritiers de la foi de leur mère, ils soient toujours comme elle l'orgueil et l'amour de la nation.

A ces causes, Nous avons ordonné et ordonnons par les présentes :

1° Il sera célébré pour le repos de l'âme de S. M. la Reine, un service funèbre dans notre cathédrale, jeudi prochain, 17 de ce mois, à onze heures. Nous officierons pontificalement. Messieurs les curés de la ville et de la banlieue sont invités à y assister en surplis.

2° MM. les chanoines de la cathédrale ont bien voulu se charger de dire le même jour des messes basses à la même intention, de demi-heure en demi-heure, depuis 5 heures et demie jusqu'à 10.

3° Le même jour, il sera dit à la même intention, dans chaque église paroissiale de la ville, une ou plusieurs messes basses, aux heures à déterminer par MM. les curés, avant le service funèbre.

4° Ce service sera annoncé par des glas funèbres sonnés dans toutes les églises de la ville, le mercredi, à six heures du soir, et le jeudi, à 6 heures du matin.

5° Des obsèques solennelles seront célébrées à la même intention l'un des premiers jours de la semaine prochaine, au choix de MM. les curés. Elles seront annoncées au prône dimanche prochain ; et la veille, ainsi que le jour même, il sera sonné des glas funèbres.

6° Nous exhortons les Communautés religieuses à faire célébrer une messe et à faire une communion générale ; et toutes les âmes pieuses, à communier une fois à la même intention.

7° Les présentes seront lues au prône dimanche prochain dans toutes les églises du diocèse.

Liége, le 14 octobre 1850.

CORNEILLE, *évêque de Liége*,

Par mandement,

L. G. VANDERBYST, *chanoine-secrétaire*.

_____

MANDEMENT DE MONSEIGNEUR L'ÉVÊQUE DE BRUGES.

Nos très-chers Frères,

La mort vient de frapper à la fleur de son âge Louise-Marie-Thérèse-Charlotte-Isabelle d'Orléans, notre Reine bien-aimée. Ce fut le 11 de ce mois qu'un cri de douleur retentit dans les murs d'Ostende : Notre Reine n'est plus ! et ce cri, porté avec la rapidité de l'éclair jusqu'aux extrémités du royaume, remplit tous les cœurs d'amertume et de regret. Dans nos campagnes comme dans nos villes on n'entend que pleurs ; on ne voit que deuil et tristesse ; chacun mesure d'un regard effrayé le vide immense que la perte de cette illustre et pieuse Reine creuse autour de nous !

Notre Souverain a perdu en elle une épouse chérie, nos princes une tendre mère, les grands un modèle, les faibles un appui, les malheureux une protectrice, la patrie une Reine vénérée, tout le monde l'objet de son admiration et de son amour !

En vain tâcherions-nous, N. T. C. F., de célébrer sa mémoire sans répéter les éloges qui sont sur toutes les lèvres. Qui n'a dit, en parlant de notre bonne Reine, que les qualités les plus rares de l'esprit et du cœur relevaient en elle l'éclat de la naissance et la majesté du rang ? Jamais princesse ne porta sur le trône plus d'amour de la simplicité, uni à des vertus plus sublimes. Elevée dans les sentiments de la piété chrétienne par une mère sincèrement pieuse, elle aima sur le trône, tout ce que la religion lui commandait d'aimer, Dieu, son époux et ses enfants.

Modèle parfait de piété, elle ne croyait point satisfaire à la loi de Dieu en pratiquant sa foi à l'ombre de ses palais ; mais bravant avec une noble franchise les critiques du monde et la tyrannie du respect humain, elle aima toujours à fréquenter nos églises et à y professer publiquement sa foi. Le peuple fidèle en se pressant autour des autels, n'était point étonné de voir la Reine s'associer à ses prières, participer à nos fêtes, approcher de la Table sainte, écouter la parole de Dieu. Le recueillement qu'on remarquait alors en elle édifiait, sans exciter de surprise, tous ceux qui en étaient témoins.

Grande leçon, N. T. C. F., dans ce siècle d'indifférence et de tiédeur ! Leçon utile surtout pour ces âmes charnelles, qui cherchent dans les exigences du monde ou dans les embarras d'une haute position, des prétextes pour ne point servir le Seigneur ! Leçon utile encore pour ces âmes faibles et lâches qui se laissent dominer par le respect humain, et qui rougissent de se montrer partout et toujours enfants de Dieu, et héritiers du royaume des Cieux !   .

Après Dieu, la Reine était tout à son époux. Modèle parfait des épouses chrétiennes, elle étudiait ce qui pouvait plaire au Roi. La volonté de son époux était la règle et le mobile de sa conduite. Elle y sacrifiait au besoin et ses aises et son repos. Aux jours de fête, où ses devoirs religieux l'appelaient dans nos saints temples, elle venait de très-grand matin aux pieds des autels, afin de ne point déranger les heures du palais. Lorsqu'elle parcourait avec sa famille nos cités populeuses, pour y recueillir le témoignage public de l'affection de son peuple, elle ne consultait, dans ses fatigues, ni ses forces, ni ses goûts, mais les désirs du Roi. En un mot, toutes ses paroles comme tous ses actes révélaient son désir de rendre heureux celui auquel Dieu avait uni ses destinées.

Notre Reine ne partageait qu'avec ses enfants l'amour qu'elle avait voué à son époux. Elle fut vraiment le modèle des mères chrétiennes. La sollicitude qu'elle étendait à toute sa famille était de toutes les heures et de tous les instants. Lorsqu'elle ne pouvait garder ses enfants sous ses yeux, elle ne les confiait qu'à des mains sûres. Elle répandait elle-même dans leur esprit la lumière des vérités chrétiennes; elle leur inspirait, dès leur enfance, la piété la plus tendre, et les habituait à la pratique de la vertu. L'enseignement que leur donnait un vénérable ecclésiastique servait de base à ses leçons; elle leur inculquait à toute occasion, que sans la pratique de la religion, l'homme ne peut pas être heureux sur la terre, et qu'il peut bien moins encore y faire des heureux.

Ah! N. T. C. F., si une pensée tempère aujourd'hui la douleur qui nous accable, c'est le souvenir de ces pieuses leçons; car les avis d'une bonne mère ne s'effacent jamais de la mémoire d'un bon fils ! — Et pourquoi vous le cacher ? Oui, nous savons qu'en présence des restes inanimés de notre Reine, ces princes chéris, notre gloire et notre amour, ont juré d'être fidèles aux leçons de leur mère, et de se montrer toujours dignes d'elle !

Puisse cette âme sainte du haut des cieux appeler sur ces vœux les bénédictions du Seigneur pour le bonheur de la Belgique!... Notre patrie n'a rien à craindre de l'avenir si notre bonne Reine revit dans ses enfants !

Un cœur si noble et si dévoué ne pouvait rester insensible aux souffrances des malheureux. Afin de procurer aux pauvres l'aumône spirituelle dont ils ont le plus besoin, notre Reine fonda des écoles gratuites qu'elle entretint à ses frais. Les institutions charitables n'eurent jamais recours en vain à sa royale générosité. Donner était pour elle un bonheur. Lorsque les personnes chargées de lui soumettre des demandes qui affluaient de toutes parts, manifestaient la crainte de l'importuner, elle excusait leur embarras et les engageait à produire les requêtes : *Demandez*, leur disait-elle, *demandez sans cesse; ne craignez point de demander : je donnerai aussi longtemps que je pourrai!* Admirable expression de la charité chrétienne qui, obligée de mettre des bornes à ses œuvres, n'en met point à ses désirs!

De cette piété envers Dieu et de cette charité envers les pauvres naissaient dans notre Reine un grand sentiment de force qui la rendait supérieure aux malheurs de la vie, et un caractère qui la rendait aimable à tout le monde.

Son âme sensible et aimante avait acquis un tel empire sur elle-même, que rien au monde ne pouvait l'abattre. Semblable à son illustre mère, qui a su tracer dans sa conduite une image fidèle de la femme forte de l'Écriture, elle subit avec une resignation parfaite les épreuves auxquelles Dieu la soumit. La mort de la princesse Marie sa sœur, du duc d'Orléans son frère, de son propre fils, enfin de son père, la chute et l'exil de sa famille purent émouvoir, troubler, altérer son cœur, mais rien ne put l'abattre. Elle adora les jugements cachés de la divine Providence, sans plainte et sans murmures; elle en souffrit; sa santé plus faible que sa volonté en reçut peut-être une cruelle atteinte; mais la sérénité de son esprit, le calme de son cœur n'en furent jamais altérés.

Cette force de caractère s'alliait dans notre Reine avec une grande douceur. Son langage était toujours celui de la bonté, du respect et de la reconnaissance. La fatigue des honneurs n'ôtait rien à l'affabilité de ses traits, ni à l'amabilité de ses discours. Toujours patiente, toujours dévouée, toujours préoccupée d'autrui, elle semblait en toute circonstance n'oublier qu'elle-même.

Une si belle vie devait finir par une mort plus belle encore. Dès que notre Reine eut compris, au langage d'une amie, que la mort approchait, elle remercia cette amie dévouée avec effusion et à plusieurs reprises; elle voulut voir aussitôt le directeur de sa conscience, et se preparer à recevoir les derniers Sacrements. Elle les reçut avec une piété angelique le jour même, veille de sa mort, entourée de sa famille eplorée, et elle ne songea plus dès lors, qu'au grand voyage de l'eternité. Quelques heures avant sa mort elle fit appeler le prêtre vénérable qui avait instruit jusqu'alors ses enfants dans les devoirs de la piété, et, le remerciant avec un sentiment de vive reconnaissance, elle le conjura de leur accorder encore ses soins à l'avenir. « Je sens, dit-elle ensuite, que ma dernière heure approche, et je désire que vous priiez pour moi! » Le prêtre commença aussitôt à réciter en français les prières des agonisants, que la Reine récita avec lui.

Enfin, sentant ses forces l'abandonner, l'auguste malade fit un dernier effort pour saisir la main du Roi; elle la baisa avec respect et peu d'instants après, elle rendit sa belle âme à Dieu.

Telle fut la vie, N. T. C. F., telle fut la mort de la Reine chérie que nous pleurons! Qu'un exemple aussi beau, aussi touchant de piété chrétienne ne soit point perdu pour nous, mais qu'il nous engage à servir Dieu avec plus de ferveur. Si nous voulons mourir comme notre bonne reine dans la paix du Seigneur, efforçons-nous de vivre comme elle, en pratiquant notre foi, en aimant notre prochain, en nous sanctifiant nous-mêmes.

En ce moment nous ne pouvons nous contenter d'une admiration stérile. Après avoir donné un libre cours à notre tristesse, il convient que nous acquittions la dette de la reconnaissance. — Unissons donc nos vœux et nos prières pour supplier le Seigneur de recevoir sans retard notre Reine bien-aimée dans ses tabernacles éternels ! Afin que ces prières répondent mieux aux sentiments qui les inspirent, nous avons arrêté les mesures suivantes :

1° Un service funèbre pour le repos de l'âme de S. M. la Reine sera célébré par nous dans notre cathédrale, le mardi 29 de ce mois, en présence des autorités invitées à cette solennité.

2° Dans toutes les paroisses de notre diocèse, hors la ville de Bruges, sera chantée à la même intention, au premier jour libre, une messe solennelle de *Requiem.* Les autorités y seront invitées.

3° Pendant un mois, tous les prêtres ajouteront à la sainte messe la collecte pour la Reine défunte.

4° Nous engageons toutes les communautés religieuses de notre diocèse à faire célébrer une messe, ou à offrir une communion générale à la même intention.

Enfin, nous recommandons la famille royale aux prières du clergé et des fidèles, afin que le Seigneur, après l'avoir éprouvée, lui accorde l'abondance de ses bénédictions célestes.

Fait à Bruges, le 15 octobre 1850.

† JEAN-BAPTISTE, *évêque de Bruges.*

Par mandement de Monseigneur l'Évêque,

P. J. TANGHE, *chan.-secrét.*

MANDEMENT DE MONSEIGNEUR L'ÉVÊQUE DE NAMUR.

Nos très-chers frères,

Lorsque tout récemment nous vous demandions des prières pour obtenir du Ciel la guérison de notre Reine bien-aimée, nous nourrissions l'espoir que le Seigneur, touché par nos vœux, nous conserverait encore longtemps celle qui, pendant sa vie, fut pour la Belgique comme un ange tutélaire. Hélas ! le Ciel, dans ses décrets impénétrables, en a disposé autrement : notre bonne Reine n'est plus ! C'est le 11 du présent mois d'octobre, à huit heures du matin, que S. M. LOUISE-MARIE-THÉRÈSE-CHARLOTTE ISABELLE, REINE DES BELGES, a rendu sa belle âme à son Créateur, âgée seulement de trente-huit ans.

Nous n'essaierons pas, N. T.-C. F., de vous retracer en détail les nobles qualités, les éminentes vertus, les bonnes œuvres dont cette auguste princesse nous a donné l'exemple pendant sa trop courte carrière Pour cela, il faudrait compter tous les jours et même toutes les heures de sa vie. Qu'il nous suffise de dire qu'elle

fut un modèle accompli et comme épouse, et comme mère, et comme chrétienne!
Quel respect! quel attachement! quelles attentions pour son royal époux!
Quelle vigilance! quels soins pour l'éducation de ses enfants! Quel zèle pour leur
inspirer l'esprit de religion et de piété! Quelle charité pour les malheureux!
Jamais âme souffrante n'eut recours à elle sans en être soulagée, et plus d'une
fois ses ressources, quoique considérables, se trouvèrent dépassées, par la générosité de son cœur. Comment dépeindre sa tendre piété, sa fidélité à ses devoirs
religieux! Au milieu d'une cour brillante, obligée aux devoirs de bienséance
qu'exigeait d'elle sa haute position, elle savait se ménager des moments pour se
recueillir et pour prier. A toutes ces rares vertus, à toutes ces belles qualités elle
en ajoutait une autre qui les rehaussait infiniment : elle était d'une modestie qui
lui dérobait à elle-même ses propres mérites. Tout le monde les admirait; elle
seule les ignorait. Quelle délicatesse de sentiment ! Quelle scrupuleuse attention
pour ne blesser personne! Quelle reconnaissance pour des actes que le devoir
imposait et qu'elle regardait comme des services rendus ! Aussi jamais personne
n'osa proférer contre elle la moindre parole de blâme. Tous au contraire n'ont
cessé de rendre hommage à sa prudence, à sa sagesse et à toutes ses autres vertus, et elle emporte les regrets universels.

Les Belges catholiques aiment encore à raconter les exemples de piété et de
charité de leurs anciens souverains. Les noms des Albert, des Isabelle, des Charles de Lorraine leur sont encore chers. Eh bien ! la Princesse qui vient de leur être
ravie occupera aussi une place ineffaçable dans leurs cœurs, et sa mémoire sera
toujours en bénédiction.

Maintenant, N. T. C. F., il nous reste un dernier devoir à remplir envers
celle que pleurent tous les Belges. Après l'avoir aimée pendant sa vie, notre amour
et notre reconnaissance doivent l'accompagner au-delà du tombeau, et nous
devons unir nos vœux et nos prières pour que, s'il lui reste encore quelque chose
de la fragilité humaine à expier, elle puisse au plus tôt jouir du repos éternel.

A ces causes, nous ordonnons ce qui suit :

1° Le jeudi 17 du présent mois d'octobre, il sera chanté, à onze heures, un
service solennel en notre église cathédrale, auquel seront invitées les autorités
civiles et militaires. Tout le clergé de la ville y assistera ;

2° La même cérémonie aura lieu dans toutes les paroisses de notre diocèse (la
ville de Namur exceptée) aux jour et heure à fixer par MM. les curés après s'être
entendus avec les autorités locales qui seront priées d'y assister ;

Pendant un mois, à dater de la réception du présent mandement, tous les
prêtres ajouteront à la messe (*salvis rubricis*) la collecte *pro defuncta*.

———

ADRESSE

DE LA COUR DE CASSATION AU ROI LÉOPOLD A L'OCCASION DE LA MORT DE LA REINE DES BELGES.

Sire,

Le pauvre, l'orphelin, tous ceux qui souffrent et qui ont besoin d'être consolés ou soulagés, pleurent en ce moment Celle qui fut pour eux une seconde providence. La nation tout entière pleure une jeune Princesse modèle de vertus, l'exemple des Reines et des mères, femme d'une sagesse, d'une douceur, d'une bonté si accomplies, que jamais elle ne fut pour personne le sujet ni d'un chagrin ni d'une plainte. Nous avons vu tout un peuple, agenouillé, jusqu'au dernier, demander au Ciel le salut de sa bonne Reine ; et, quand il apprend qu'elle lui est enlevée, l'accompagner de ses prières et mêler ses sanglots aux sanglots de son Roi, jusqu'à sa dernière demeure.

Il n'est point de paroles pour exprimer une telle douleur, si vraie, si naïve, si unanime, qui retentit à la fois sur tous les points du royaume, au milieu des gémissements et des regrets. Les Belges, si célèbres par leur attachement à leurs princes, ne pourraient citer un second exemple d'un tel deuil, depuis la grande Marie-Thérèse, son auguste bisaïeule, et depuis cette princesse Isabelle, si renommée aussi par sa piété et son inépuisable charité.,

Notre perte est grande, elle est immense ; mais le sentiment qui nous inspire est honorable pour la nation dont il met en relief les précieuses qualités, et il est d'un heureux augure pour notre avenir. C'est à la fois un hommage aux pures vertus de la Reine et au trône sur lequel elle était assise. Serrons-nous autour de ce Roi, fondateur et conservateur d'une monarchie qui fait de nos jours l'admiration de l'Europe, sous le sage gouvernement duquel la Belgique, libre et prospère, a échappé à la tourmente qui gronde sur ses voisins ; serrons-nous autour du Roi et du père, auquel est réservée la haute et suprême mission d'enseigner à de jeunes princes l'art difficile du gouvernement ; reportons aussi nos regards sur cette jeune princesse, maintenant privée de sa mère et destinée à la remplacer dans notre amour et dans l'amour des malheureux !

Le Ciel, qui a changé la couronne périssable de notre Reine contre une couronne immortelle, n'a point voulu nous la ravir tout entière. Elle veillera, du haut du Ciel, sur sa jeune famille, sur le peuple qu'elle aimait, sur Celui dont l'existence est si intimement liée à notre existence ; Elle sera toujours l'ange gardien de la Belgique !

Daignez, Sire, agréer l'expression de tout notre dévouement et de notre profond respect.

Le premier président de la cour de cassation,
Baron E.-C. DE GERLACHE.

DE QUELQUES FUNÉRAILLES ROYALES.

Le journal l'*Indépendance* a publié sous ce titre un curieux récit des cérémonies funèbres auxquelles donna lieu la mort de plusieurs souverains qui ont régné sur les provinces belges. Nous le reproduisons ici :

L'événement déplorable qui met la Belgique en deuil va donner lieu à l'une de ces cérémonies lugubres et imposantes qui émeuvent au plus haut point une grande cité. Déjà l'on se préoccupe des honneurs qui seront rendus à la dépouille mortelle de notre bien-aimée Reine. L'ambition de chacun est qu'ils soient dignes de la princesse accomplie que le pays entier pleure et pleurera longtemps encore. Ce n'est pas chose vaine que ce pieux hommage rendu à la mémoire d'une personne chère. Heureuse est celle qui a su inspirer tant d'amour et que tant de regrets accompagnent à sa dernière demeure. Heureux est le peuple qui sait éprouver une douleur semblable à celle qui a éclaté si spontanément et si généralement à la réception de la fatale nouvelle venue d'Ostende.

Les obsèques de la Reine seront magnifiques. Nous ne parlons pas des décorations funèbres auxquelles l'honneur de la Belgique veut qu'on donne une grande pompe ; il y aura quelque chose de plus touchant et de plus significatif encore que le luxe du cortège, ce seront les larmes de tous les infortunés que la pieuse et compatissante princesse si cruellement enlevée à notre amour comblait de ses bienfaits avec une générosité égalée seulement par sa délicatesse. Dans l'attente de la cérémonie sainte et triste à laquelle notre capitale se prépare, on se demande quels ont été les usages observés antérieurement dans des occasions semblables. Nous allons dire en quoi consistèrent les honneurs rendus à Bruxelles à la mémoire de quelques-uns des souverains qui ont régné sur notre pays.

Une des plus anciennes pompes funèbres qui aient été célébrées à Bruxelles, et dont on ait conservé la description, est celle d'Isabelle de Castille. Elle eut lieu le 14 janvier 1505. La nef et les cinquante-trois autels de l'église Sainte-Gudule furent tendus de drap noir avec des croix en damas blanc. Un autel couvert de drap d'or fut dressé en avant du chœur ; on y déposa les joyaux de la chapelle de l'archiduc, un morceau de bois de la vraie croix, de pieuses images et d'immenses chandeliers d'argent artistement travaillés par les ouvriers orfèvres de la ville. Le cénotaphe s'élevait en face de cet autel ; il était également couvert de drap d'or et surmonté de deux figures d'anges vêtus de blanc ; huit cents cierges l'entouraient d'un cercle de feu. Quand le cortège s'avança, il était précédé de trois cents hommes en habits de deuil. Venaient ensuite le clergé séculier et régulier, les magistrats, les dignitaires, les nobles attachés à la cour et les corps de métiers. Le duc de Clèves et le prince de Chimay marchaient à côté d'un palefroi couvert d'une housse de velours noir traînant jusqu'à terre et portant sur un coussin une couronne d'or ; ils étaient suivis des rois d'armes de Galice, de Grenade, de Castille et de Léon avec les pièces de harnachement. Le roi d'armes *Toison-d'or* précédait l'archiduc Philippe, à la suite duquel venaient les ambassadeurs des princes étrangers et les dames de la cour. La couronne royale ayant été posée sur le cénotaphe, le clergé entonna les Vigiles. Un seul jour ne devait pas voir accomplir toute la cérémonie.

Le lendemain le cortège se rendait dans le même ordre à Sainte-Gudule, où il entendit la grand'messe chantée par l'évêque d'Arras. Après l'offrande, l'oraison funèbre fut prononcée par un dominicain. La messe achevée, Toison-d'Or, élevant la voix, cria : « Très-haute, très-excellente, très-puissante et très-catholique ! » A quoi un héraut répondit : « Elle est morte de très-vertueuse et louable mémoire. » Ces paroles furent prononcées trois fois au milieu d'un profond silence. A la troisième, Toison-d'Or alla enlever la couronne du cénotaphe et la déposa sur l'autel en s'écriant : Vivent Don Philippe et Jeanne, par la grâce de Dieu, Roi et Reine de Castille. » Cette cérémonie achevée, le cortège se remit en marche et se dirigea vers le palais où il se dispersa.

Ferdinand-le-Catholique venait de mourir. Charles-Quint, alors seulement prince d'Espagne, qui était occupé à recueillir la succession du défunt roi, et se trouvait alors à Bruxelles, lui fit faire dans cette ville de magnifiques funérailles. La description de cette cérémonie, qui eut lieu le 14 mars 1516, a été longuement décrite par le sieur Remi Du Puis, secrétaire et historiographe du jeune prince.

L'église Sainte-Gudule fut tendue entièrement de drap et de velours noir, sur lequel se détachait de distance en distance le blason de Ferdinand. Les cierges et les torches qui éclairaient la lugubre cérémonie étaient innombrables. Quand le cortège se mit en marche, les écuyers du prince prirent les devants pour le diriger. Venait ensuite le clergé de Saint Gudule escorté des religieux de tous les ordres qui avaient leur monastère sur les terres de cette paroisse. La chapelle particulière du prince, chantres et chapelains, marchait ensuite ; elle était suivie de vingt-huit prélats, évêques, abbés et prévôts. Immédiatement après s'avançaient dans l'ordre suivant : les magistrats de Bruxelles, les trompettes et les officiers de l'hôtel du prince, les conseillers, les secrétaires et le chancelier de Brabant, les gentilshommes, les chevaliers et nobles de toutes classes. Le seigneur de Rolez marchait l'épée d'honneur à la main devant le char triomphal. Sur ce char, peint et décoré avec grand luxe, s'élevait un arbre gigantesque autour duquel étaient fixées quatre armures complètes. La première était surmontée d'une sirène qui représentait le royaume de Navarre ; autour de la troisième s'épanouissait un bouquet d'arbres pareils à ceux qui portent le baume de Judée, pour représenter Jérusalem ; la dernière avait pour emblème un grenadier en fleur et signifiait le royaume de Grenade. Ce char était traîné par quatre chevaux blancs que montaient des hommes vêtus à l'indienne, c'est-à-dire parés de plumes diversement coloriées. Le cortège était fermé par les grands personnages, les princes, les ambassadeurs et les membres de la haute noblesse. Quand le prince arriva à l'entrée de l'église, le clergé vint le recevoir et le conduisit au siège qui lui avait été préparé dans le chœur. Quant à Marguerite et à Léonore, sa tante et sa sœur, elles vinrent incognito se placer sur une estrade à ses côtés, et prièrent très-dévotement, comme le dit l'auteur de la narration, pour le repos de l'âme du défunt. Le lendemain, le même cortège revint processionnellement à Sainte-Gudule et assista à un nouveau service, après quoi le héraut Toison-d'Or acclama le prince Charles héritier des Etats et royaumes de Ferdinand le Catholique.

Le 15 septembre 1555, on célébra à Sainte-Gudule les funérailles de Jeanne la Folle, l'infortunée veuve de Philippe-le-Beau. Trois messes furent chantées; à chacune un evêque officia. Environ neuf cents membres des métiers et des serments formaient la haie du palais à l'église, ayant des torches à la main. Le cortege était magnifique. On y voyait, outre le clergé, les magistrats, les conseils du gouvernement et la noblesse, des hérauts portant les bannières de tous les États de l'Empereur, les hallebardiers de la cour, en grand costume de deuil, et une masse considérable de pauvres armés de flambeaux. Une partie des cérémonies décrites plus haut y furent renouvelées.

Philippe II était à Arras lorsqu'il reçut la nouvelle de la mort de son père, arrivée le 21 septembre 1558 au monastère de Saint-Just. Le premier soin de Philippe II fut de dépêcher à Bruxelles le comte d'Olivarès avec la mission d'organiser de pompeuses funérailles en l'honneur de l'Empereur défunt. Lui-même partit d'Arras peu de jours après et vint s'établir dans un monastère aux portes de Bruxelles, en attendant le jour fixé pour les obsèques. Par ses ordres, les cloches ne cessèrent de sonner le glas funèbre, et on fit cesser tout passe-temps et toute récréation, comme dit un auteur du temps. La Cour prit le deuil comme aussi les serviteurs du Roi qui étaient au nombre d'environ deux mille. Rien de ce qu'on avait vu dans des circonstances semblables n'approcha du luxe déployé cette fois. A la tête du cortège marchaient vingt et un prélats vêtus de leurs habits pontificaux et la mitre en tête, le clergé de la ville et les chantres de la chapelle royale. Venaient ensuite les avocats et gens de plume, les députés des provinces, le président et les commis de la Chambre des comptes, les conseillers de Brabant, etc. Deux cents vieillards en chaperon noir et portant chacun une hache avec les doubles armoiries du défunt Empereur étaient suivis de tous les officiers et ouvriers de la Cour, armuriers, selliers, charpentiers, peintres, sculpteurs, horlogers, serruriers, les portiers et les huissiers de la Cour, les chirurgiens, barbiers, médecins et apothicaires (nous citons dans l'ordre indiqué par un historien du temps). Les gentilshommes marchaient ensuite, précédés de quatre tambours d'airain qui faisaient entendre des roulements funèbres et de seize trompettes habillés de drap d'or. Nous avons dit plus haut que Charles-Quint avait fait faire en l'honneur de Ferdinand le

Catholique un char allégorique. Philippe II donna des ordres pour que la même idée fût reproduite aux funérailles de son père. Cette fois le char fut fait en forme de galère, afin de rappeler que l'Empereur avait remporté des victoires navales. La galère en question était chargée de figures allégoriques, des bannières et des blasons de toutes les provinces qui était réunies sous la domination de Charles-Quint. Un peintre habile avait représenté sur les flancs du navire les victoires remportées par l'heureux rival de François I⁰¹, avec des inscriptions latines donnant l'explication des sujets. La galère était portée sur une mer figurée, en avant de laquelle marchaient des monstres marins. Venaient alors toutes les provinces représentées chacune par un coursier couvert d'une housse blasonnée. Ainsi, il y avait le cheval de Brabant, le cheval de Flandre, le cheval de Namur, etc. Nous n'en finirions pas si nous voulions décrire tout le cortège dont tout les détails ont été non-seulement transcrits par les historiens, mais aussi représentés *au naturel* par la gravure et qui forment une curieuse publication. Il nous a suffi d'indiquer ce que cette cérémonie avait offert de plus caractéristique. Jamais un si grand luxe funèbre n'avait été déployé à l'intérieur de l'église Sainte-Gudule. Le cénotaphe de l'Empereur, que surmontaient le sceptre, le globe du monde et la couronne impériale, ne coûta pas moins de 75,000 ducats. Philippe II, en grand deuil et la tête couverte d'un long chaperon noir, assista en personne à la cérémonie.

Quarante ans après, Sainte-Gudule prit sa parure de deuil pour de nouvelle s obsèques royales. Ce furent celles de Philippe II. Le cardinal André qui eut mission de conduire le deuil en l'absence de l'archiduc Albert, alors en Espagne, ne négligea rien pour que la cérémonie fût pompeuse ; mais on n'y vit rien de caractéristique. Philippe II n'eut pas comme Ferdinand le Catholique et comme Charles-Quint les honneurs d'un char triomphal.

Le 12 mai 1612, l'archiduc Albert fit célébrer, non pas à Sainte-Gudule, mais dans la chapelle de la cour, les obsèques de l'Empereur Rodolphe II. La cérémonie terminée, il donna l'ordre qu'on transportât dans la cathédrale une partie des ornements et des bannières dont on s'était servi, et qu'on en décorât la chapelle du Saint-Sacrement des Miracles, où ils demeurèrent longtemps suspendus.

La plus belle, la plus imposante, la plus touchante des cérémonies funèbres dont Bruxelles ait été témoin, fut celle des obsèques de l'archiduc Albert. La Belgique, par la mort de ce prince, était replacée sous la domination de l'Espagne et perdait l'espoir de voir reconstituer sa nationalité. Le corps de l'archiduc avait été exposé dans la chapelle du palais où des cérémonies religieuses furent célébrées. Les funérailles solennelles eurent lieu le 12 mars 1622. Toutes les rues que devait traverser le cortège étaient bordées d'une double balustrade en bois noir et 2,500 bourgeois, une torche à la main, formaient la haie. Les maisons étaient tendues de noir et portaient le blason du prince. Les officiers de la cour ouvrirent la marche, suivis des serments, ayant leurs bannières et leurs armes renversées en signe de deuil. Les tambours et les trompettes, vêtus de drap noir, faisaient entendre des airs lugubres.

Le clergé venait ensuite, puis les officiers de la maison du prince; on avait construit plusieurs chars superbes surmontes de figures allégoriques. Des gentilshommes portaient le grand étendard de l'archiduc, son épée, les différentes pièces de son armure, la couronne et le collier de la Toison-d'Or. Devant le char funèbre marchaient les grands-officiers, parmi lesquels on remarquait Spinola, premier maître d'hôtel; les coins du drap mortuaire étaient tenus par le duc d'Aumale, le marquis de Bade, le comte d'Egmont et le marquis de Mornay. Venaient ensuite quantité de personnages classés selon leur rang officiel, les magistrats, les échevins de Bruxelles, les conseils, les ambassadeurs, etc. Le cortège, qui était parti du palais à huit heures du matin, n'arriva à Sainte-Gudule qu'à deux heures de l'après-midi, après avoir parcouru une partie de la ville. Des milliers de cierges brûlaient dans l'église tendue de noir. L'archevêque de Cambrai et celui de Malines se disputaient l'honneur d'officier; ce fut ce dernier qui l'emporta comme primat de Belgique. Les offices terminés, les gentilshommes de la chambre portèrent le cercueil dans la chapelle du Sacrement des Miracles, sous un dais qu'on y avait élevé, et le descendirent dans un caveau, en face de l'autel. La cérémonie ne fut achevée qu'à sept heures du soir; on y avait employé la journée entière. Toutes les églises de la ville célébraient à leur tour les messes de *Requiem* pour le souverain dont la Belgique déplorait la perte

Les obsèques de l'archiduc Albert furent la dernière des grandes pompes funèbres royales qu'on ait vues à Bruxelles. Les funérailles du prince Charles de Lorraine, qui eurent lieu le 10 juillet 1780, furent moins remarquables, comme le disent les historiens, par le luxe qu'on y déploya que par la douleur des assistants. Le 7 décembre de la même année, on reçut à Bruxelles la nouvelle de la mort de l'impératrice Marie-Thérèse, arrivée le 29 octobre. La cérémonie religieuse pour le repos de son âme fût célébrée à Sainte-Gudule. Elle fut solennelle et imposante; mais on ne vit point à cette occasion comme à celles que nous venons de rapporter, déployer au dehors la pompe de ces grands cortèges dont les obsèques de Ferdinand le Catholique, de Charles-Quint, de Philippe II et de l'archiduc Albert avaient donné le sombre et curieux spectacle. On rapporte que lorsqu'après l'office le héraut d'armes appela, suivant l'usage, l'impératrice à haute voix et lorsqu'il lui fut répondu par ces mots : «Elle est morte» de longs sanglots éclatèrent sous les voûtes de la cathédrale. N'était-ce pas la plus belle des oraisons funèbres? N'est-ce pas aussi celle qu'on entend aujourd'hui ?

ORAISON FUNÈBRE

DE LOUISE-MARIE DE BOURBON-ORLÉANS, REINE DES BELGES, PRONONCÉE PAR
LE R. P. BECHAMPS, DANS L'ÉGLISE DE SAINTE-GUDULE,
A BRUXELLES, LE 24 OCTOBRE 1850.

> « Dominus dedit, Dominus abstulit. »
> « Dieu nous l'a donnée, Dieu nous l'a ôtée .. »
> (LIB JOB. I)

Messeigneurs,

C'est donc en vain que nos yeux la chercheront encore cette douce Majesté que nous avons vue si souvent ici. humblement confondue dans l'assemblée de tous. Sa place y est vide !

Oh ! si jamais la parole humaine s'est sentie impuissante, c'est pour exprimer aujourd'hui la plainte de nos cœurs.

Comment traduire cette douleur intime, profonde et résignée de deux familles royales , cette affliction de tout un peuple qui éclate en sanglots et s'épanche en prières; ce deuil universel et cet amour filial que la multitude, accourue de tous les points du pays, apporte à celle qui était sa reine, sa mère et sa providence ici bas? Toute voix est insuffisante en présence de ce spectacle, toute oraison funèbre est bien faible à côté de celle-là, prononcée par une nation entière, dans ce silence sublime que la douleur fait partout !

Mais Dieu qui nous l'avait donnée et qui vient de nous la reprendre, ne demande-t-il de nous que la douleur? ne veut-il pas aussi la reconnaissance, et nous faire peut-être mieux sentir en nous l'enlevant, la grandeur du don qu'il nous avait fait? n'attend-il pas de nous un souvenir fidèle ?

Quand, du haut de la chaire, nous contemplions ici la Reine volontairement descendue du trône, la louange s'arrêtait sur nos lèvres et nous nous taisions, vaincus par la puissance de l'humilité chrétienne; mais maintenant que pour la trouver, nos regards s'élèvent vers cet autre trône d'où l'on ne descend plus, nous laisserons échapper et se répandre une parole longtemps contenue, et nous dirons quel était ce don que Dieu nous avait fait dans celle qui fut pour la Belgique et pour l'Europe *un gage de paix ;*

Pour le Roi. pour les siens, pour ceux qui souffrent, *un ange de consolation ;*
Pour tous, *un puissant exemple.*

Dieu voulait sans doute que l'éloge fût plein et qu'il comprît *la vie et la mort de*

Louise-Marie-Thérèse-Charlotte-Isabelle d'Orléans, première **Reine des Belges.**

Elle naquit à Palerme le 3 avril 1812.

Sa mère, la princesse Amélie des Deux Siciles, sœur de l'impératrice d'Allemagne, des reines de Sardaigne et de Naples, avait épousé un fils de France, exilé de sa patrie par la force révolutionnaire. Mais quand on est du sang royal, tout est grand, l'exil autant que la gloire, et les époux étaient dignes l'un de l'autre.

L'épouse, celle qui devait être la mère de notre Reine, n'était pas seulement la sœur des empereurs et des rois, elle était encore petite-fille de Marie-Thérèse, si chère au cœur des Belges.

Était-ce là un aimable jeu du hasard?

Il n'y a pas de hasard, Mes Frères, sinon pour notre ignorance, et si quelque chose se joue dans la conduite des choses humaines, c'est la sagesse de Dieu... *Ludens caram eo in orbe terrarum.*

Il faut entendre comment une des plus grandes voix du christianisme prend en pitié ceux qui, « mesurant les conseils du Très-Haut à leurs pensées, ne le
» font auteur que d'un certain ordre général d'où le reste se développe comme
» il peut! Comme s'il avait, à notre manière, des vues générales et confuses, et
» comme si la souveraine intelligence pouvait ne pas comprendre dans ses des-
» seins les choses particulières qui, seules, subsistent en vérité.

» N'en doutons pas, Chrétiens, Dieu a ordonné dans les nations les familles
» particulières dont elles sont composées, mais principalement celles qui doi-
» vent gouverner les nations, et en particulier, dans ces familles, les personnes
» par lesquelles elles doivent ou s'élever ou se soutenir ou s'abattre * ! »

C'est ainsi que Louise-Marie d'Orléans était destinée à servir d'appui à l'élé-vation du peuple belge et à conquérir l'amour qu'il portait à Marie-Thérèse.

Aussi avec quels soins Dieu ne nous la préparait-il pas? Pouvait-il mieux lui donner une éducation de reine ou de mère du peuple, qu'en la faisant grandir sous les yeux de Marie-Amélie, cette femme forte qui la mit au monde dans l'exil et qui, du fond d'un nouvel exil, est revenue la voir mourir, recueillant à la fin de la noble vie de sa fille le fruit des habitudes de simplicité, de force et de piété profonde qu'elle lui avait inspirées.

Mais si Dieu formait de loin une reine au peuple belge, de plus loin encore formait-il ce peuple pour une dynastie que lui désirait Charles-Quint, qu'avait espérée Isabelle et qui, par une autre Isabelle, devait être le don de l'avenir.

Les lois qui président à la constitution des sociétés ressemblent à celles de la nature. Quand un arbre jette de profondes racines, c'est qu'il promet une forte croissance, et s'il pénètre bien avant dans l'obscurité, c'est pour être revêtu de splendeur. La Providence traite ainsi les nations. Elle les fait prendre racine dans l'obscurité de leur origine, les forme peu à peu dans l'humble progression de leur histoire, dessine dans leur caractère l'unité qui les distingue, leur donne dans leur foi une sève puissante, et, quand l'heure de leur élévation est venue, elle en indique elle-même les instruments et les *soutiens.*

Je dis qu'elle indique elle-même ces soutiens, car nul n'a le pouvoir, ni la multitude, ni ses assemblées, de créer les *faits antérieurs* d'où ils résultent,

* Bossuet

ni *la valeur qui leur appartient.* Ce que l'homme peut, c'est de les reconnaître, de les acclamer et d'y correspondre. La Providence voulant donc couronner le long travail de la nationalité belge et montrer ce qu'il y avait de sève dans le caractère et la fidélité de ce peuple, le glorifia tout à coup au milieu de trois grandes nations, qu'elle intéressa toutes les trois à sa jeune gloire, par le choix du chef de sa nouvelle dynastie et le mariage du premier roi des Belges avec Louise-Marie-Thérèse de France.

Le 9 août 1832, l'union bénie dans la chapelle de Compiègne révéla aux nations étonnées deux faits du premier ordre : l'alliance de la France et de l'Angleterre, formée à cette occasion même et qui fut alors la sauvegarde de la paix du monde ; la reconnaissance de la neutralité belge, qui fixa d'une manière rationnelle et durable les limites si longtemps incertaines et disputées des nations voisines.

A ce double point de vue, la reine Louise-Marie fut donc *un don de paix* pour la Belgique et pour l'Europe. Dieu voulut que l'ange tutélaire de notre patrie fût la fille du grand Roi, promoteur de la paix générale, parce que nulle n'était plus digne de la main du prince conciliateur dont le trône a la gloire d'être le lien de tous les autres.

Cette grande œuvre de l'indépendance de la Belgique avait paru, à son origine, hardie, téméraire, aux puissances qui ne l'acceptèrent qu'avec doute et défiance. Mais le Roi et la Reine crurent en nous. Ils virent dans le cœur de la nation autre chose que ce qui fait les révolutions ; il y virent ce qui les termine : l'esprit de tradition et de foi, l'amour de la religion et de l'ordre. Ils confièrent à la Belgique leur dynastie, comme la Belgique leur confia la garde de sa nationalité ; et ils nous consacrèrent un dévoûment qu'aujourd'hui nous leur rendons.

La Reine, associée à nos destinées, eut la joie de les voir grandir avec la renommée de sagesse de son royal époux. Dix-huit années de règne intelligent et modérateur et de persévérante nationalisation avaient assez soutenu les institutions et secondé les mœurs publiques pour permettre à la Belgique d'être éprouvée !

La première épreuve fut terrible, la seconde est accablante !

La première date de trois ans à peine, quand un cri d'effroi se répandit partout au bruit de la chute d'un trône, dont l'absence reste encore le principe d'un ébranlement général, d'une agitation qui n'a pas cessé. La seconde est devant nous, et nous ne l'apercevons qu'à travers nos larmes !

Une noble tige se détache la première de l'arbre dynastique ! Elle est tombée doucement dans les bras du Roi, et cependant la secousse que ce grand cœur en éprouve est si forte, sa douleur, la nôtre, si profonde, son expression, si simple, si amère, si incomparable, que l'excès de notre affliction nous console, et que la communauté de notre peine devient une nouvelle preuve de l'*union qui fait notre force,* de l'indissoluble lien qui attache le peuple à son Roi.

Qu'elle reste grande donc notre trop légitime douleur, mais qu'elle soit sans trouble et jamais semblable à celle qui n'espère plus ! Qu'elle nourrisse, au contraire, par le souvenir de la Reine, de la fille de St.-Louis, une double espérance au fond des cœurs, celle de la vie présente et celle de la vie future. De la vie présente aussi, car si les puissances sont ébranlées, si le nœud qui nous y attachait semble s'être relâché à son tour par cette mort imprévue, si Dieu, enfin, semble nous frapper après nous avoir bénis, il faut penser que c'est moins pour nous perdre que pour nous avertir. L'ordre troublé autour de nous peut se rétablir, la Reine, revivre en vérité dans ses enfants que Dieu tient en réserve pour la conservation de son œuvre. Si elle n'est plus là pour être médiatrice de douceur entre les puissances du monde, elle est toujours vivante pour être médiatrice de grâce entre le Ciel qui frappe et la terre qui a besoin de Dieu !

Médiatrice de grâce... oh' que ce nom lui convient bien ! N'a-t-elle pas eu, comme celle qui surtout et par-dessus tout a mérité ce nom, une vie de *prière*, d'*amour*, de *courage* et de *douleur* ?

Elle, qui était si digne et si grande devant les hommes, que la majesté lui semblait naturelle, tant elle était simple ; qui était si recueillie devant les autels que son attitude inspirait l'adoration pour Dieu et « le respect pour elle ! » les heureux témoins de sa vie intérieure savent que les préoccupations si nombreuses d'une cour ne lui ont jamais fait négliger cet avertissement de l'Esprit-Saint : « Avant d'aller à Dieu prepare ton âme ! » Ils savent avec quelle fidélité elle s'acquittait chaque jour de ses plus sublimes devoirs, avec quelle constance elle les a accomplis jusqu'à la fin, et ils n'oublieront jamais cette parole de sa dernière heure : « Suis-je *assez préparée ?* »

Ange d'amour et de consolation autant que de prière, elle aimait fort tout ce que Dieu lui avait donné à aimer :

Son père, aux côtés duquel elle brûlait d'être et se plaçait en effet quand la Révolution, conspirant dans l'ombre, préparait au Roi une mort humainement inévitable;

Sa mère, la plus dévouée et la plus éprouvée des mères, qui trouvait dans son royal enfant un cœur capable de répondre à un devouement sans mesure et à des infortunes sans égales, un cœur d'une tendresse si invincible que, triomphant des distances, il s'épanchait tous les jours dans celui qui chaque jour aussi lui rendait épanchement pour épanchement.

Ses frères, ses sœurs, toute cette grande et noble famille, modèle entre toutes par la vie d'intimité, la vie d'intérieur que rien ne remplace (nous voudrions le dire assez haut pour être entendu de ceux qui l'oublient);

Son époux et son Roi pour lequel elle avait tout quitté, et qu'elle aima par-dessus tout, après son Dieu ;

Ses enfants..., mais je n'ai pas de paroles pour dire cet amour, et si j'en avais, il est un silence et des larmes qui les feraient expirer ;

Ses pauvres, enfin, qui étaient les siens, parce qu'ils étaient ceux de Dieu, et qui de leurs gémissements composent aujourd'hui l'éloge le plus cher à la mère qu'ils ont perdue !

N'a-t-elle pas pensé à leurs petits enfants et n'avons-nous pas des écoles de la Reine? Y a-t-il une seule bonne œuvre, un seul établissement de charité, qui n'ait connu ses largesses toujours renaissantes, depuis la crèche et l'asile jusqu'à l'hospice, l'hôpital, le refuge et la prison?

C'est qu'elle avait les deux attraits de Jésus-Christ : l'amour des petits et des infirmes, de l'enfance et du malheur! elle avait aussi appris de lui à être douce et humble de cœur. Et nous demandons si ce n'est pas pour elle qu'a été prononcée cette parole célèbre :

» Fille, femme, mère, Reine; telle que nos vœux l'auraient pu faire, plus que » tout cela, chrétienne. Elle accomplit tous ses devoirs sans présomption et fut » humble, non-seulement parmi toutes les grandeurs, mais encore parmi toutes » les vertus *. »

» Douce, non par bienséance seulement, mais par un inépuisable fond de bonté; simp'e, comme tous les esprits supérieurs, et nous savons, de plus en plus, ce que sa modestie n'avait pu cacher à un petit nombre, combien la Reine était de ces esprits-là; prudente, non par calcul, mais par intelligence; discrète comme toutes les âmes droites; *dévouée et s'offrant à Dieu sans cesse pour sa première et sa seconde patrie;* elle a vécu sans reproche devant Dieu et devant les hommes, et une gloire si pure est un parfum qui réjouit le ciel et la terre **.

Mais Dieu devait à cette reine la couronne des vertus, la souffrance qui les sanctifie, la patience qui les achève : « *Patientia opus perfectum habet* ***. »

Aussi, voyez combien riche il la lui a faite !

On souffre à proportion qu'on aime... combien donc a-t-elle dû souffrir celle qui a tant aimé !

La Reine avait une sœur, une autre elle-même; Dieu lui a repris cet ange, cette princesse Marie dont le nom nous est resté comme un symbole de sentiment et de piété.

Ses larmes n'avaient pas tari qu'il se fit dans son cœur une source de larmes nouvelles... la mort lamentable et soudaine du duc d'Orléans à laquelle elle n'était pas plus préparée que la France! Hélas! il semble que Dieu voulait que cette pure Majesté mourût par le cœur, car, sa nature plus fragile que son âme, ne put résister au coup terrible qui suivit les deux autres et qui pouvait bien briser la Reine puisqu'il ébranla le monde.

Tout lui devint un glaive de douleur... sa patrie ingrate ou trompée, la gloire de son père, un instant outragée par le doute, le Roi et la Reine errants, fugitifs sur des rivages ignorés de leur fille qui, pendant huit jours et huit nuits, souffrit le martyre de l'incertitude !

Rassurée enfin sur la paix des siens, le fond de sa vie ne fut plus dès lors qu'un secret de Dieu. Dans la plupart des vies, la prospérité et l'épreuve se suc-

* Bossuet
** Bossuet
*** Ep. s. Jac.

cèdent. Dans celle-ci il semblait que la joie et la douleur dussent y régner ensemble. Ne pouvons-nous pas dire que la Belgique fut en grande partie l'instrument de cette joie, comme la Révolution fut l'instrument de cette douleur ?

Épouse et mère heureuse, Reine chérie du Peuple, elle voyait grandir, à côté du Roi, un fils au front duquel doit passer le diadème de son père... et, fille des rois, elle contemplait avec une ineffable affliction sa famille vouée à la proscription, et sa patrie, au châtiment; et si Louise-Marie goûtait encore quelque chose de son propre bonheur, c'est qu'elle le savait partagé par d'illustres infortunes.

Mais la douleur fut maîtresse! Elle vit bientôt descendre son père dans la tombe, et cette troisième mort appela la sienne!

Elle fut sainte comme sa vie [*]!

Et quoique cette vie s'affaissât sous la pesanteur de la Croix, Louise-Marie ne murmura, à la fin, que cet acte de divine reconnaissance : « Que Dieu est bon de me laisser mourir au milieu de tout ce que j'aime ! »

On vit bien, à cette heure dernière, où la Reine avait puisé sa constance; où sa faiblesse avait trouvé sa force et toutes ses vertus leur élévation... dans l'union avec son Dieu !

Elle le vit arriver comme un hôte connu depuis longtemps et qui, après l'avoir aidée à vivre, venait l'aider à mourir !

Elle avait besoin de lui pour vider le calice! Elle le fit avec amour en présence de tout ce qui l'eût dû rendre amer !

Elle reçut le pain des forts, bénit ses enfants, colla ses lèvres mourantes sur la main de son royal époux, regarda sa mère et les siens, et rendit à Dieu son âme pleine de l'espérance qui ne confond pas !

Nous vîmes alors s'accomplir ce qui est écrit : « Le Roi pleurera, les princes » seront désolés, et les mains tomberont au peuple de douleur et d'étonnement. »

Nous l'avons dit : aucune parole ne peut rendre la mystérieuse émotion de tendresse que chacun retrouve en soi et rencontre dans les autres. J'ai tort de l'appeler ainsi, Mes Frères, car elle ne doit être un mystère que pour ceux qui ignorent la conduite de Dieu. Il avait accordé une mère à la famille belge ; est-il donc étonnant que celui qui ne fait rien à demi et qui met l'harmonie dans ses œuvres, après avoir donné à Louise-Marie un cœur de mère pour nous, nous ait donné à tous des cœurs d'enfants pour elle !

Là est la raison de ce qui se passe, la vraie cause du sentiment universel.

Mais la tendresse n'est pas la seule chose qui soit au fond de notre douleur. Il s'y mêle un respect profond, qui a lui-même sa source dans le caractère de la vertu de l'auguste personne que nous pleurons. Nous le voyons hautement reconnu ce caractère, par toutes les autorités du pays, par les paroles qu'elles adressent au trône ; leur accord est sublime, toutes l'ont nommée, non-seulement

* Paroles du Roi

la bonne , la vertueuse, mais la *sainte* Reine! Tant il est constant que la vertu chrétienne possède une qualité plus qu'humaine, que les fruits de la grâce ne sont pas ceux de la nature, et que Dieu, venant par l'une au secours de l'autre, tient à faire discerner sa présence, et que Dieu fait homme, auteur de la grâce et consommateur de la foi, montre avec clarté où toutes les deux se trouvent véritablement. Jamais donc il n'a été plus vrai de dire, que dans cette grande circonstance : *la voix du peuple est la voix de Dieu!*

Jamais non plus on n'a vu se vérifier avec plus d'éclat la promesse de Jésus-Christ : « Celui qui s'humilie sera élevé ! »

A proportion qu'elle a dérobé ses bonnes œuvres aux regards du monde, contente du regard de Dieu, à proportion ce Dieu de justice et de bonté imprime-t-il profondément dans la conscience publique la certitude et la science de cette incomparable vie !

L'exemple est toujours un bienfait; mais il grandit encore quand il vient d'en haut. Il n'est une lumière aux yeux de tous qu'à condition d'être élevé. Voyons donc ce que peut la vertu sur le trône et quel don Dieu nous a fait en l'y plaçant ! en l'unissant ainsi à la puissance.

Je dis à la puissance, malgré les préjugés de mon temps, ou plutôt à cause des préjugés de mon temps, à cause surtout de tout le bruit que fait l'orgueil pour nier la hiérarchie des conditions humaines.

A une autre époque, la liberté chrétienne se réfugiait dans la chaire pour des leçons méritées aux maîtres du monde : « *Et nunc Reges, intelligite!* » Aujourd'hui, plus que les rois, les peuples ont besoin de leçons, et il faut apprendre au monde qu'il n'échappe pas à Dieu quand il se donne des maîtres. Cette leçon, je le sais, est heureusement peu nécessaire ici, mais dût ma parole me revenir tout entière, sans avoir trouvé personne qui eût besoin d'elle, je la dirai cependant, afin que les echos de ce temple la portent où elle doit aller...

Oui la puissance est une chose divine *, non-seulement dans la famille, où elle naît d'elle-même par l'ordre de la nature, c'est-à-dire de son auteur; non-seulement dans l'Eglise, cette grande famille des peuples où Dieu l'a prise sous sa sauvegarde en déterminant lui-même sans intermédiaire sa forme, ses limites ou la loi de sa transmission , comme il convenait à une société impérissable; mais aussi dans l'État, où il a laissé ce soin aux hommes. Les sociétés peuvent donc quelque chose sur la forme, la condition, les accidents de la puissance, mais elles ne la créent pas dans son fond, puisqu'elles en dépendent et n'existeraient pas sans elle. Et quand les dechirements exigent sa réorganisation, elles sont encore sujettes alors à la grande loi des faits qui, dans leur génération, leurs liens et leur ensemble, sont sous la main de Dieu.

Les multitudes , si puissantes pour détruire, ne le sont donc pas pour édifier

---

* *Omnis potestas à Deo* (7. Paul aux Romains.)

sans lui *; leur agitation ne révèle pas leur force, mais leur infirmité; et l'erreur à laquelle elles se livrent, l'erreur, cette faiblesse de l'esprit qui produit ou nourrit toutes les autres, n'est que le fruit amer de la disparition de la foi, lumière, raison supérieure et force tout ensemble, qui apprend à l'homme son insuffisance et le rattache noblement à Dieu.

C'est elle qui est aujourd'hui l'âme de notre douleur et lui donne le caractère d'un culte de piété filiale et religieuse envers la vertu unie à la royauté.

C'est d'elle que le peuple belge a appris le respect et l'amour du pouvoir. C'est à elle qu'il doit d'avoir conservé l'un et l'autre. Et c'est parce que le pouvoir a laissé chez nous à la foi la libre expansion de sa doctrine et de ses œuvres, qu'il a été lui-même affermi au milieu de l'ébranlement général, récompensé au milieu du châtiment universel.

Reveillons donc notre confiance au pied de cette tombe très-chrétienne, et sachons nous souvenir du puissant exemple de foi que la Reine nous laisse; sachons nous en souvenir avec amour, puisque Dieu lui-même s'y est complu et a pris soin de la glorifier d'une manière digne de lui!

Il était si content d'elle qu'il a voulu la voir mourir à l'extrémité du royaume, afin que portée à travers nos provinces, comme sur les bras des populations, jusqu'au tombeau qu'elle avait choisi, elle imprimât, en passant, dans le cœur de tous l'empreinte de sa sainte vie et de sa sainte mort.

Ne l'oublions jamais ce long cortege de deuil, ce char funèbre, cette couronne voilee, cette chapelle ardente que cherchaient tous les yeux, traversant ces multitudes accourues pour s'agenouiller au passage, pour prier et pour pleurer; ces prêtres, ces pontifes, se remettant les uns aux autres le dépôt vénéré, avec les prières et les bénédictions de l'Église.

N'oublions jamais ce moment douloureux et sublime où le Roi, entouré de ses fils, des princes de France et d'Allemagne, des representants des puissances étrangères, des ministres, des grands corps de l'État, des notabilités de la nation, d'une foule immense, innombrable, silencieuse, s'inclina devant l'auguste cercueil, et suivit à pied, la tête nue, les traits profondément altérés par la douleur, ce char de triomphe de la mort, dont on ralentissait la marche, comme si l'on craignait d'arriver trop tôt à la tombe que l'on creusait et à l'heure du suprême adieu.

Et plus tard... dans l'humble eglise, au pied du tabernacle *et de ce sanctuaire de Marie où voulut reposer la Reine*, nous avons vu une autre reine, cette mère, cette chrétienne, cette martyre, cette Marie-Amélie, résignee et debout, et nous la regardions tous en pensant à la Mère des douleurs et en repetant tout bas : *Stabat Mater!*

---

* *Effundam super domum David et habitores Jerusalem spiritum grâciæ et precum* (*Lach.* 12.)

Non, non, Dieu ne nous fait pas témoins de si grandes choses pour nous ôter l'espérance. De pareilles douleurs doivent être fécondes et porter Dieu a répandre sur nous l'esprit qui doit nous sauver, l'*esprit de grâce et de prières*. Qu'il soit donc béni de nous donner au Ciel un ange de plus pour nous l'obtenir « *Dominus dedit, Dominus abstulit, sit nomen Domini benedictum!* »

Ah! cet acte de soumission, si difficile à notre cœur, ne le sera pas à notre foi.

Mais considérez, Seigneur, considérez le sacrifice auquel nous consentons, le sacrifice que nous vous offrons! Vous nous l'avez enlevée; rendez-la nous dans ces princes qu'elle nous a formés avec une sollicitude de reine et de mère, qu'elle a confiés au cœur de leur père et placés, à la dernière heure, sous les ailes de la religion qui la lui rendait douce!

Et comme elle prie pour nous, pendant que nous prions pour elle, nous vous supplions, quand tout à l'heure les mains du pontife élèveront vers le Ciel la victime sacrée, d'entendre ce qu'elle vous dira pour sa mère et pour les siens pour le Roi et pour ses enfants, pour l'État et pour l'Église, pour la Belgique et pour la France! O mon Dieu, écoutez-la et exaucez-la!

FIN DE L'OUVRAGE.

Lightning Source UK Ltd.
Milton Keynes UK
UKHW02n0052240418
321523UK00020B/771/P

9 780332 010045